Dr. Paul Leonard

Quanten Heilung
Kommunikation
Manipulation

Das voll aktivierte Gehirn

(Übersetzt von Ronald Gutsberg)

Dr. Paul Leonard

Quanten Heilung Kommunikation Manipulation

Das voll aktivierte Gehirn

(Übersetzt von Ronald Gutsberg)

Elitär Verlag

Printed in Germany

ISBN: 978 – 9988 – 1 – 2756 – 5

Inhaltsverzeichnis

Inhaltsverzeichnis

Vorwort

Bereits zu Beginn des Zwanzigsten Jahrhunderts haben Wissenschaftler wie Biologen und Mediziner die Existenz elektromagnetischer Biofelder für durchaus möglich gehalten. In der Tat folgten aufschlussreiche Studien im Bereich der Bioelektromagnetik. Der russische Forscher Alexander Presman beschreibt eindrucksvoll, wie energiegeladene Felder ein kompliziertes Resonanzsystem darstellen und aktiv mit Teilchen des Körpers in Korrespondenz stehen. Da jedoch auch außerhalb des Körpers Resonanzfelder existieren, besteht eine Art wechselseitiger Informationsaustausch beziehungsweise ein wechselseitiger Wirkmechanismus mit der Umwelt sowie dem Universum.

Zahlreiche Nobelpreisträger haben bereits nachgewiesen, dass quantenmechanische Prozesse universal sind. Soll heißen, alles ist miteinander verbunden und deshalb hat auch jede Veränderung Auswirkungen auf das Ganze. Physiker nennen dieses System Kohärenz. Mehrere Teilchen wirken als Ganzheit. Damit sind sie aber auch untrennbar miteinander verbunden und bilden das, was wir Realität nennen. Zwar wird in den meisten Experimenten eine Wechselwirkung ausgeschlossen, dennoch kommt eine Wechselwirkung über Umwege zustande. Nämlich dann, wenn die oft zitierte Unwissenheit darüber geäußert wird, das Teilchen auf eine mysteriöse Art miteinander verbunden sind. Es ist die Kettenreaktion, die ausgelöst wird. Verändert man ein Teilchen, hat das Auswirkungen auf andere Teilchen und jenes das man beobachtet verändert sich auf magische Weise. Eine räumliche Trennung spielt dabei keine Rolle. Raum und Zeit sind Begriffe mit denen wir die Welt in der wir uns Bewegen begreiflich machen. Das ist die Welt die Bohm[1] als explizite Ordnung verstand. Die implizierte Ordnung dagegen aber aus einer Ganzheitlichkeit, Prozesshaftigkeit sowie einer Nicht-Teilbarkeit besteht. Vergleichbar mit einem Hologramm in dem in sämtlichen Einzelteilen gleichzeitig auch alle Gesamtzustände sozusagen „eingefaltet“ sind. Das sogenannte „Holo-Movement“. Aus diesem Holo-Movement, das aus einer unendlichen Vielfalt von Möglichkeiten besteht, entfaltet sich die Realität, indem Teilchen auf bestimmte Weise kollektive Zustände hervorbringen.

Wahrscheinlichkeiten für Ereignisse werden als Quantenfelder bezeichnet. Möglichkeitsräume und Konstellationen, die als Informationsfelder bestehen, die erst dann die Realität bilden beziehungsweise mitgestalten, wenn auf sie Bezug genommen wird. Erst wenn wir auf ein Quantenfeld wirken, es betreten –mit einem

[1] David Joseph Bohm: Quantenphysiker (1917 – 1992)

Quantenfeld in Beziehung kommen-, hat das Auswirkungen auf die Realität.

Und genauso wie die Realität entsteht und sich ständig verändert, gibt es auch Veränderungsprozesse im menschlichen Organismus. Das Bewusstsein beeinflusst auch die materielle Struktur des Körpers und kann Veränderungen durch Gedanken bewirken. Ein instabiles Gleichgewicht von Körper, Geist und Seele manifestiert sich in physiologisch-biochemischen Prozessen mit dem Resultat einer ungünstigen Veränderung. Die ersten Veränderungen finden auf der subatomaren Ebene statt und werden erst erkennbar, wenn der Mensch ein Unwohlsein registriert.

Was den Menschen krank macht

> *„Die chronischen Krankheiten der Seele entstehen wie die des Leibes, sehr selten nur durch einmalige grobe Vergehungen gegen die Vernunft von Leib und Seele, sondern gewöhnlich durch zahllose unbemerkte kleine Nachlässigkeiten."*
> *Friedrich Nietzsche*

Es gibt drei Faktoren, oder besser gesagt drei Kräfte, die ursächlich für eine Erkrankung des Körpers, des Geistes und der Seele sind. Im späteren Verlauf werden wir erfahren, in welcher Wechselbeziehung diese drei Kräfte mit den Bereichen Körper, Geist und Seele stehen.

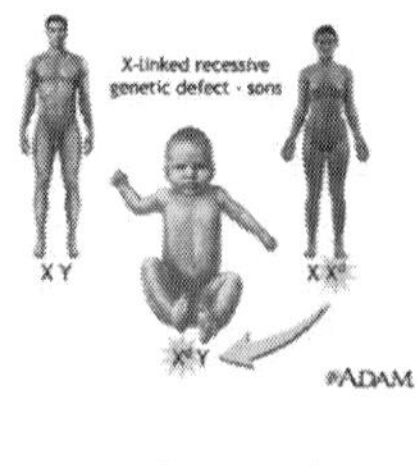

Toxische Kräfte **Genetische Kräfte** **Psychische Kräfte**

Zur Kategorie Toxische Kräfte zählt all das, was giftig auf den Körper wirkt. Frei nach Paracelsus[2] ist auch die beste Medizin gegen eine Krankheit schädlich, wenn sie falsch dosiert ist. Selbst Vitamine, von denen wir glauben sie wären gesund für den Körper, können schädlich auf den menschlichen Organismus wirken. Etwa sobald sie in einem Übermaß eingenommen werden, wie beispielsweise in konzentrierter Form.

GENETISCHE KRÄFTE

Bei genetischen Kräften handelt es sich meistens um Defekte, die bereits von Geburt an bestehen. Hierzu zählen in etwa Organschäden oder andere Defekte des Körpers. Die DNS[3] kann aber auch nachträglich geschädigt werden. Gifte wie Alkohol, Zigaretten oder Umweltverschmutzung lassen die DNS mutieren, was zur Folge hat, dass Teile des Körpers, seien es Organe, Venen, Knochen, Gewebe und so weiter, nicht mehr in der Art und Weise funktionieren wie sie es eigentlich sollten. Ein ebenso bedeutender wie auch vielmals unterschätzter Faktor ist der Elektrosmog, dem sich der moderne Mensch überhaupt nicht mehr entziehen kann. Ob Handystrahlung, Fernseh- und Radiofunk, ja sogar der Strom

[2] Paracelsus: Naturforscher, Arzt u. Philosoph des 16. Jh.s

[3] DNS: Abk. für Desoxyribonukleinsäure (Biochem.) in allen Lebewesen vorhandene Nukleinsäure, die als Träger der Erbinformation die stoffliche Substanz der Gene darstellt; Duden - Das Fremdwörterbuch, 9. Aufl.

aus der Steckdose wirkt auf den Organismus und macht uns krank. Der Verkauf von Textilien in denen metallisierte Fasern, wie Silbergarn eingewoben ist, isolieren eine solche Strahlung. Der Absatz dieser Silbergarnfaserstoffe steigt von Jahr zu Jahr. Diese Tatsache ist als Indiz dafür zu werten, dass immer mehr Menschen den Zusammenhang zwischen Elektrosmog und dem eigenen Wohlbefinden erkannt haben.

PSYCHISCHE KRÄFTE

Über den Faktor Psyche sind bereits so viele Schriften verfasst worden, dass man ganze Bibliotheken damit füllen könnte. Wir wollen den psychosomatischen Faktor deshalb nicht neu erfinden und konzentrieren uns vielmehr auf den Teil, der es dem Menschen möglich macht, mit der reinen Kraft seiner Gedanken, bestimmte Funktionen und Vorgänge seines Körpers zu kontrollieren. Das Geheimnis, welchen Einfluss eine bestimmte psychische Verfassung auf die Funktion des Körpers hat, ist der Schlüssel zu einer Heilmethode, die nicht nur vielversprechend ist, sondern gleichzeitig mehrere Vorteile für den Patienten mitbringt. Wenn der Körper durch die Psyche krank wird, und die Psyche ist in achtzig Prozent der Fälle ursächlich für eine Fehlfunktion des Körpers, dann liegt es doch nahe, dass die Psyche behandelt werden muss, die ja ursächlich für die Erkrankung ist. Krebs beispielsweise wird mit chemischen Keulen wie der Chemotherapie behandelt. Die Nebenwirkungen dieser Therapie sind, wie viele von uns vielleicht schon beobachten konnten, der Haarausfall, um nur den offensichtlichen Teil der Behandlung zu nennen. Was damit deutlich wird, ist das Leid, das eine Behandlung mit sich bringt. Zwar liegt bei dem, der an Krebs erkrankt ist, eine höhere genetische Disposition für diese Erkrankung vor, als bei anderen Menschen. Dennoch spielt in schätzungsweise achtzig Prozent der Krankheiten generell der psychische Einfluss die wesentliche Rolle.

Deshalb liegt auch der Heilige Gral eben genau hier. Im weiteren Verlauf der Lektüre wird das Zusammenspiel aus Psyche und Körperfunktionen immer deutlicher dargelegt mit dem Ergebnis, dass die Kraft der Gedanken nicht nur Krankheiten auslöst, sondern auch dazu benutzt werden kann, Krankheiten die zuvor durch die Kraft der Gedanken entstanden sind, auch über den gleichen Weg zu heilen. Es gibt fantastische, ja atemberaubende wissenschaftliche Erkenntnisse über die Macht der Gedanken.

Der Mensch ist mit den täglichen Aufgaben soweit eingespannt, dass er nur mit Mühe die nötigen Ressourcen für den sogenannten Idealzustand erreicht. Der Idealzustand lässt sich wohl am ehesten damit beschreiben, dass ein Mensch seine Emotionen, sein Unterbewusstsein und seine Psyche unter absoluter Kontrolle hält. Ein solcher Mensch ist imstande nachteilige Auswirkungen, die sich etwa aus einer Frustration ergeben würden, zu vermeiden.

Reste von Reiz- oder Erlebniseindrücken die im Zentralnervensystem noch vorhanden sind und zu einem späteren Zeitpunkt als früher erlebte Bewusstseinsinhalte wiedererinnert werden können, hindern den Menschen den Idealzustand anzunehmen. Solche Restimulierungen basieren auf erlerntem Verhalten. Zuckt eine Person ängstlich zusammen, wie in etwa bei Unterwerfungsgesten, weil sie einen Gegenstand umgestoßen hat, so werden Erinnerungen an ähnliche Ereignisse ins Bewusstsein gerufen, die eine Bestrafung enthielten oder zumindest eine schmerzende Emotion innehatten. Solche negativen Informationen trägt jeder Mensch mit sich herum und wird als das schlechte Gewissen bezeichnet. Gerade diese Informationen sind es aber, die eine freie Entwicklung des Geistes hemmen. Befreien Sie sich von solchen unaufgearbeiteten Erlebnissen und werfen Sie die schwere Last von sich ab.

Ein Weg könnte sein, die Erinnerung an ein Ereignis, das eine negative Emotion in einem auslöst, zu relativieren und sich mit dem Insuffizienzgefühl erneut auseinanderzusetzen. Kann kein Bezug vom affektierten Verhalten, beispielsweise Erröten oder plötzlicher Schweißausbruch, zur auslösenden Situation hergestellt werden, liegt eine unbewusste Repräsentanz eines Erlebnisses vor. In solchen Fällen ist es ratsam, die Reaktionen zu akzeptieren und das geschwächte Selbstwertgefühl zu stärken.

„Bewusstsein ist das, was durch die Verknüpfung von Wahrnehmung, Wissen und Erfahrung entsteht.„

Zwar ist eine Psychotherapie empfehlenswert, jedoch, nur solange das Reaktionsverhalten als häufig wiederkehrend zu klassifizieren ist. Es könnte sich um eben diesen Auslöser für eine psychosomatische Erkrankung handeln. Im Unterbewusstsein liegt ein exorbitantes Netzwerk aus Wissen, das auf Beobachtung und Erfahrung basiert. Diese Daten sind zu einer gigantischen Datenbank aus Regeln herangewachsen. Das Unterbewusstsein determiniert rund 88 % unserer Handlungen, sodass Erlerntes nicht erneut erfasst werden muss. Es liefert somit für eine bestimmte Handlung ein bereits in der Vergangenheit abgespeichertes Programm. Darum ist der Mensch auch in der Lage sich schnell und effizient weiterzuentwickeln als jedes andere Lebewesen. Er greift ständig auf Ressourcen zurück, ohne groß nachdenken zu müssen. Ist ein bestimmtes Programm für eine automatische Handlung einmal nicht in der Datenbank, schaltet sich das Bewusstsein ein und prüft, ob eine bewusste Entscheidung getroffen werden muss. Sobald Reize aus der Umwelt wahrgenommen werden, die Aufmerksamkeit verdienen, schaltet sich das Bewusstsein ein. Das Gehirn bearbeitet dann die wahrgenommenen Reize und Informationen nach individuellen Mustern.

„Erfolg ist die Summe richtiger Entscheidungen."

Die im Unterbewusstsein angelegten Automatismen helfen uns blitzschnelle Entscheidungen zu treffen und uns so in der Welt zu organisieren, dass es uns leicht fällt, Handlungen vorzunehmen und Entscheidungen zu treffen. Liegt jedoch eine Fehlprogrammierung vor, wurde eine Regel aufgrund von Beobachtung und Erfahrung durch falsche oder verfälschte Parameter angelegt, dann findet diese Regel auch dann Anwendung, obwohl eine bewusste Reprogrammierung vorgenommen wird. Denn die Aufgabe des Unterbewusstseins ist es ja eben, Gewohntes und Bekanntes beizubehalten und anzuwenden anstatt Ungewohntes und Unbekanntes zu überschreiben. Die Information ist nun einmal da und findet immer wieder Anwendung.

Das Märchen „Hänsel und Gretel" erzählt die Geschichte zweier Geschwister, die sich im Wald verirrten. Die Moral von der Geschichte ist, dass Kinder Angst bekommen sollen, alleine in den Wald zu gehen. Das Resultat ist jedoch, dass sich Kinder generell vor dem Wald fürchten und auch im späteren Leben ein unbehagliches Gefühl aufkommt, sobald „Wald“ registriert wird. Auch der Vergleich einer unfreundlichen alten Frau mit einer Hexe stammt daher. Es ist nun einfacher, die im Unterbewusstsein ungünstigen Programme durch gezielte Verfahren umzugestalten, indem die einstigen Parameter in neue Bezugsrahmen gebracht werden.

Bleibt alles beim Alten, dann hat das schädliche Auswirkungen auf den Körper. US amerikanische Wissenschaftler stellten in Untersuchungen fest, dass 15 Minuten Streit die Wundheilung um 1 Tag verzögert.

Unsere Sinnesorgane, mit denen wir verspüren, sehen, riechen, tasten, hören, nehmen sämtliche Informationen über die für uns existierende Realität auf. Individuelle Realität deshalb, weil der Mensch pro Sekunde lediglich 2000 von mehr als 100 Milliarden kleinster Informationen bewusst verarbeitet und etwa alle sechs bis zehn Sekunden seine Aufmerksamkeit verliert, mit der Folge, dass Automatismen wieder die Regie übernehmen. Realität ist somit das, was uns unser Gehirn vorgibt. Es findet ein Prozess der Urteilsfindung darüber statt, welche Informationen als wahrscheinlicher der Realität entsprechen. Nur solche Informationen, die bereits als ein Modell in uns existieren, werden auch tatsächlich bewusst wahrgenommen. Alles andere wird quasi latent. Brillenträger vermuten ihre Brille meistens an bestimmten Orten, weil sie glauben sie dort abgelegt zu haben und übersehen dabei, dass sie sie auf der Nase tragen. Das Stichwort ist hier Vermuten. Durch Vermutung lässt das Gehirn nur solche Reize bewusst wahrnehmen, die dem Muster unserer Vorstellung entsprechen. Stellen wir uns vor, dass die Brille an einem bestimmten Ort liegt, werden nur solche Reize empfangen die dazu beitragen die Brille am bestimmten Ort zu lokalisieren. Entspricht die Realität dann doch nicht unserer Vorstellung, entsteht eine Art Rückkopplung beziehungsweise Feedback, wodurch die Supposition durch die neue Information berichtigt wird. Erst dann sind wir wieder in der Lage neue Hypothesen aufzustellen, die die neu gewonnen Informationen mit einbeziehen, wobei die Sinneskanäle für die Aufnahme neuer Reize bereitstehen.

„Wer nichts erwartet,

wird auch nicht enttäuscht."

Synapsen und das Neuronale Netzwerk

> *„Eine neue Art von Denken ist notwendig, wenn die Menschheit weiterleben will." Albert Einstein*

Dr. Candace Pert am George Town Medical Centre fand heraus, dass Denken eine direkte Wirkung auf das Immunsystem haben kann. Diese Erkenntnis ist nichts Neues! Doch erstmals ist es gelungen sicherzustellen, dass durch Gedanken, also während ein Mensch denkt, bestimmte Botenstoffe vom Gehirn freigesetzt werden, die eine zellulare Veränderung am Körper vornehmen. Es besteht somit eine Verbindung zwischen Körper und Geist. Nach Pert ist es somit unmöglich keinen Gedanken zu denken, ohne dass dabei eine körperliche Veränderung eingeleitet wird.

„Es werden Chemikalien freigesetzt. Diese kleinen Moleküle verteilen sich über den Blutkreislauf im ganzen Körper. Sie verbinden sich zu Rezeptoren die die Möglichkeit haben alles zu verändern. Von der Geschwindigkeit der Verdauung bis zur Größe eines Tumors. Es ist also vorstellbar, den Tumor einfach wegzudenken. Das Bewusstsein kann die phy-

sikalischen Moleküle schaffen und sie verändern." (Dr. Candace Pert)

Das ist die biochemische Erklärung für den Prozess physiologischer Veränderung. Zur Verdeutlichung sei angemerkt, dass nicht das Gehirn selbst die Botenstoffe produziert, sondern lediglich den Befehl über neuronale Bahnen an bestimmte Drüsen im Körper sendet, die dann die gebildete Sekretion als Wirkstoff ins Blut abgeben und so die biochemisch-physiologischen Prozesse steuert und koordiniert.

„Gedanken lösen Emotionen aus."

Sogenannte Neuropeptide, freigesetzte Botenstoffe von Nervenzellen, stehen unter dem Einfluss von Emotionen, was darauf schließen lässt, dass Gedanken Neurotransmitter steuern. Es findet eine chemische Aktivität statt, die einen elektrischen Prozess in den Verbindungen zu den jeweiligen Organen auslöst. Eine solche Verbindung stellen beispielsweise die Synapsen dar. Über sie gelangt der Neurotransmitter als Informationseinheit auf eine andere Zelle. Nervenzellen sind in einem neuronalen Netzwerk miteinander verbunden. Bedenkt man, dass eine Nervenzelle etwa 10.000 Schaltstellen zu anderen Nervenzellen bildet und eine Ausschüttung von Transmittern in 0,2 Millisekunden erfolgt, erscheint der Zusammenhang zwischen Denken und der Steuerung einzelner Körperfunktionen recht plausibel. Denn das Axon (Senderzelle) einer Synapse übergibt den Neurotransmitter an das Dendrit (Empfängerzelle) weiter. Axon und Dendrit sind indirekt miteinander verbunden. Das heißt, die Synapse besteht quasi aus zwei Teilen und sendet die Informationen in verschiedenen Formen, chemisch, gasförmig oder aber auch elektrisch von Senderzelle über den synaptischen Spalt hinüber zur Empfängerzelle. Im späteren Verlauf wird deutlich, weshalb die Übertragungsform eine wesentliche Bedeutung innehat. Ausschlaggebend hierbei ist, dass die Nervenzelle nach dem Schlüssel-Schloss-Prinzip arbeitet und es immer einen bestimmten Neurotransmitter gibt, der auf einen bestimmten Rezeptor passt. Der Informationstransfer findet darüber hinaus nur dann statt, solange der Rezeptor nicht schon belegt oder blockiert ist. Enzyme im synaptischen Spalt trennen den Transmitter vom Rezeptor, sobald die Aufgabe des Neurotransmitters erledigt ist. Neben den chemischen Synapsen unterscheiden sich die elektrischen Synapsen, bei denen das augenscheinlich auffälligste Merkmal der fast fehlende Synapsenspalt ist. Die Brücke wird gebildet durch den „Gap Junction“ Kanal, dadurch, dass sie ohne einen zusätzlichen Neurotransmitter auskommen. Der Effekt ist eine nahezu verzögerungsfreie elektrische Erregung, welche über zwei Neurone die durch Kanäle direkt miteinander verbunden sind erfolgt. Der Vorteil elektrischer Synapsen liegt zweifelsfrei darin, dass die elektrische Aktivität im neuronalen Netzwerk synchron stattfindet und dadurch wie eine einzige große Zelle arbeitet.

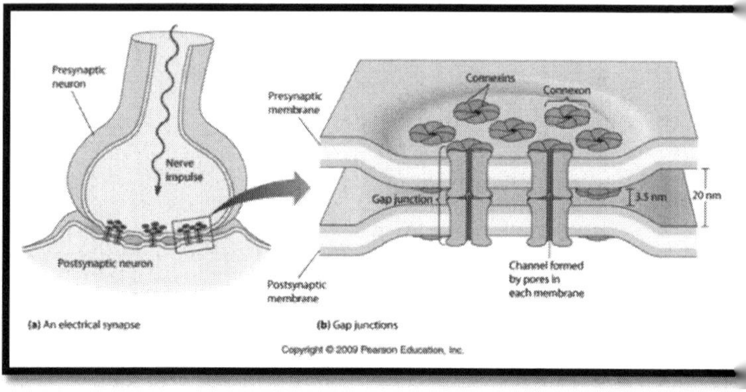

Abb. 1 - Synapse mit Gap Junction

Hormone wissen also, an welcher Stelle im Körper sie aktiv werden müssen. Andersherum weiß der bestimmte Teil des Körpers, dass ein Botenstoff für ihn bestimmt ist und reagiert darauf, indem er eine Veränderung vornimmt. Die Aussage Perts (Seite 21) kann nunmehr damit ergänzt werden, dass auch ohne Neurotransmitter Einfluss auf die Prozesse im Körper genommen werden kann. Denn Interneurone, Nervenzellen im Zentralnervensystem (ZNS) die zwei oder mehrere Nervenzellen miteinander verschalten, kommunizieren mittels elektrischer Synapsen. Es findet somit eine direkte Weitergabe der empfangenen Impulse statt.

Die hochfrequente Kommunikation elektrischer Synapsen beziehungsweise Neurone ermöglicht die Verknüpfung von Sinneseindrücken zu einer Einheit, die sich dann als Bewusstseinseindruck repräsentiert. Es handelt sich um einen Prozess hochkomplexer Gehirnaktivitäten, bei denen Millionen von Nervenzellen samt Milliarden von Synapsen zusammenwirken und das Ergebnis Gedanken sind, also ein Prozess des Denkens ist.

Das geheimnisvolle Reich der Quanten

> ***„Denn mein Glück bestand tatsächlich aus dem gleichen Geheimnis wie das Glück der Träume, es bestand aus der Freiheit, alles irgend Erdenkliche gleichzeitig zu erleben, Außen und Innen spielend zu vertauschen, Zeit und Raum wie Kulissen zu verschieben."Hermann Hesse***

Die Wissenschaft von den Quanten beschreibt Vorgänge im atomaren und subatomaren Bereich. Für uns ist besonders der Bereich interessant, der sich mit Elektronen beziehungsweise Photonen auseinandersetzt. Photonen sind quantifizierte elektromagnetische Strahlung einer unbestimmten Frequenz. Sie bewegen sich mit Lichtgeschwindigkeit und werden durch Quantensprünge von Elektronen zwischen verschiedenen Zuständen erzeugt. Photonen besitzen Welleneigenschaften. In der Physik sind Wellen räumlich und zeitlich veränderliche Felder die Energie durch den Raum befördern.

Unsere Welt, in der wir leben, besteht aus einer Fülle an Atomen und Molekülen, die die Struktur für Materie bilden. Atome oder vielmehr Materie bestehen allerdings größten Teils aus leerem Raum. Und dieser Raum wiederum ist von unzähligen Elektronen erfüllt.[4]

Nach den Erkenntnissen der Quantenphysik haben Elementarteilchen in einem physikalischen System nur solange einen unbestimmten Aufenthaltsort, solange sie keiner Messung unterliegen. Erst im Moment des Messvorgangs, also einer aktiven Handlung, einer bewussten Einflussnahme, erhält das Teilchen einen exakten Ort. Dieser Ort ist wiederum vom Zufall bestimmt. Eine weitere Feststellung ist, dass zwei oder mehrere Teilchen miteinander in Verbindung stehen und so eine Einheit, ein Quantensystem bilden. Eine räumliche Trennung verhindert den Informationsaustausch zwischen den Teilchen nicht.

Manipuliert man nun ein Teilchen aus dem Quantensystem, reagieren die anderen Teilchen aus der Einheit sofort darauf. Dabei spielt es keine Rolle, wie weit die Teilchen voneinander entfernt sind. Sie sind miteinander verschränkt. Was die Entfernung der einzelnen Teilchen oder der räumlichen Trennung angeht, so empfinden wir das nur, weil wir der Einbildung unterliegen, die

[4] Paul Adrien Maurice Dirac (1902 - 1984); britischer Physiker, Nobelpreisträger und Mitbegründer der Quantenphysik.

Welt würde aus voneinander getrennten Objekten bestehen. Raum ist die Illusion, dass Objekte eine konkrete Größe und einen bestimmten Abstand zueinander haben. Unter quantenphysikalischen Gesichtspunkten existiert die Welt als eine ungeteilte Einheit, worin auch das Bewusstsein als ein Teil des Ganzen zählt.

„Die subatomare Welt reagiert auf unser Bewusstsein."

Elementarteilchen konstruieren Denken und denken bildet das Bewusstsein. Das Bewusstsein wiederum lenkt die subatomaren Teilchen, wodurch eine Endlosschleife entsteht. Verändert sich das Denken, verändern sich die Teilchen, die Bestandteil des Quantensystems sind. Der menschliche Körper besteht aus Molekülen, die sich wiederum aus mehreren Atomen zusammensetzen. Ihre Elektronen sind im Körper als Zellen mit integriertem Bewusstsein und Intelligenz manifestiert, um die Funktionen eines lebenden Organismus zu ermöglichen und aufrecht zu halten.

Quanten wirken auf das Gehirn

Entgegen früherer Annahmen, dass eine Krankheit aus dem Nichts entsteht, steht nunmehr fest, dass eine Erkrankung aus negativem und fehlerhaftem Denken resultiert. Der Verlauf einer Krankheit ist zu einem großen Teil durch das Denken eines Menschen bestimmt. Der Mensch besitzt die Fähigkeit, autonome Körperfunktionen zur Fehlfunktion zu bringen. Das Glaubenssystem einer Person legt fest, wie sie denkt, fühlt, handelt und wie sie neue Situationen definiert. Nur wenn einer Person bewusst ist, dass der Auslöser für eine Krankheit eine negative Glaubensannahme war, kann der Normalzustand wiederhergestellt werden. Der Schlüssel für einen Heilungsprozess liegt somit darin, seine subjektive Sicht- und Betrachtungsweise zu ändern. Krankheit ist ein seelisches Leiden, das sich physisch manifestiert. Grundsätzlich lässt sich seelisches Leiden in zwei Kategorien unterteilen. Zum einen in Ereignisse, die aus der Umwelt auf den Menschen einwirken (Neurosen[5]) und zum anderen aus Resultaten eigener Gedanken (Komplexe[6]).

„Physische Beschwerden spiegeln seelisches Leiden wieder."

Jeder Mensch drückt sein seelisches Leiden seinem individuellen Denkmuster entsprechend aus. Deshalb entwickelt jeder Mensch

[5] Hauptsächlich durch unverarbeitete seelische Konflikte mit der Umwelt entstandene krankhafte, aber heilbare Verhaltensanomalie mit seelischen Ausnahmezuständen u. verschiedenen körperlichen Funktionsstörungen ohne organische Ursachen.

[6] Stark affektbesetzte Vorstellungsgruppe, die nach Verdrängung aus dem Bewusstsein vielfach Zwangshandlungen, Zwangsvorstellungen od. einfache Fehlleistungen auslöst. Duden - Das Fremdwörterbuch, 10. Aufl. Mannheim 2010

unterschiedliche Beschwerden oder anders ausgedrückt, verschiedene Krankheitsbilder, auf das gleiche Leiden. Das Unterbewusstsein versucht über den Körper mit dem Bewusstsein zu kommunizieren. Dazu benutzt es die Sprache Krankheit beziehungsweise Leiden. Ignoriert man diese Beschwerden, versucht das Unterbewusstsein entweder das Leiden zu verstärken oder eine andere Erkrankung hervorzurufen.

Es will darauf hinweisen, dass der Mensch gegen die Normen im Unterbewusstsein handelt oder denkt.

Jede Situation, mit der man konfrontiert ist, ist ihrem Wesen nach neutral, weil sie selbst keine eigene Bedeutung hat. Erst aufgrund subjektiver Betrachtung und Einschätzung der Situation erfolgt eine positive oder negative Bewertung.

Gewisse Faktoren tragen dazu bei, eine bestimmte oder möglicherweise auch falsche Denkart aufrechtzuerhalten. Eine Intervention in das Glaubenssystem eines Menschen ist demnach der einzige Weg um wirkungsvolle Maßnahmen gegen Fehlfunktionen des Körpers zu ergreifen. Eine Möglichkeit in festgefahrene Denkmuster einzugreifen ist die Dissoziation, bei der eine bewusst vorgenommene Veränderung zusammengehörender Denk-, Handlungs- oder Verhaltensabläufe vorgenommen wird. Dies geschieht, indem sich die Person gewissermaßen von außen selbst betrachtet. Aus der Perspektive eines Beobachters versetzt man sich in die Lage, die selbst auferlegten Regeln einer kritischen Bewertung zu unterziehen. Denn die bewusste Wahrnehmung des eigenen „Ichs“ ermöglicht eine rationale Zensur auf der Basis von analytischen Informationen.

Synaptische Quantenprozesse

Das Bewusstsein wird durch Denkprozesse erzeugt. Es handelt sich hierbei also um eine Aktivität eines biologischen Apparats, der die interdisziplinären Wissenschaften dieser Welt beschäftigt. Eine davon ist die Theorie vom Einfluss der Quanten auf das Gehirn.

Das Zytoplasmatische Zytoskelett besteht im Wesentlichen aus drei großen Proteinklassen, den Aktinfilamenten, Mikrotubuline sowie den Intermediärfilamenten die in allen Zellen von Organismen zu finden sind. Besonders in Nervenzellen fallen sie durch außerordentlich auffällige Funktionsweisen auf. Obwohl das kleinste Protein gerade mal zwei Nanometer beträgt, bilden sie eine Art Gerüst, dass die Zellen mechanisch stabilisiert. Aufgrund einer dynamisch auf- und abbaufähigen Zellstruktur sorgen sie für aktive Bewegungen der Zelle als Ganzes sowie für Schwingungen und Übertragung innerhalb der Zelle. Physiker wie Herbert Fröhlich beobachteten an Zellmembranen von Neuronen quantenphysikalisch bedingte Wellen.

So geht man davon aus, dass solche Wellen auch in den Proteinen zu lokalisieren seien und ihre Funktionsweise auf Quanteneffekten resultiert.[7]

Das Besondere ist nun, das die Proteine in zwei Quantengrundzuständen vorkommen. Bei Überlagerung können sie sich auf benachbarte Eiweißmoleküle ausbreiten und Quantenschwingungen erzeugen. Auf die Millionen von Synapsen ausgebreitet erzeugt dies einen psychischen Effekt und eine Informationsverarbeitung in Quantenprozessen entsteht. Die Ausschüttung von Neurotransmittern wird ausgelöst mit dem Ergebnis einer Neuronenaktivität. Zwar haben quantenmechanische Prozesse in einer thermischen Unordnung nur eine kurze Bestandszeit, es reicht jedoch aus, denn im Durchschnitt geht einer willentlichen Entscheidung eine circa 0,5 Sekunden lange unbewusste Hirntätigkeit vorweg. Ausreichend Zeit für einen Kollaps der Quantenkohärenz.[8]

[7] Prof. Stuart Hameroff, University of Arizona

[8] Mathematiker/Phyisiker Roger Penrose

Bewusstsein und Quantenkohärenz

„Die Energie, die die Welt erschafft, kann nichts anderes sein als ein Wille, und Wille ist Bewußtsein, das sich in den Dienst eines Wirkens und eines Resultats stellt." Sri Aurobindo, Das Göttliche Leben, Erstes Buch

Es liegt nahe, dass Quantenkohärenz, also ein organisiertes Zusammenwirken von Quantenschwingungen, ursächlich für das Vorhandensein von Bewusstsein als Teil eines Netzwerkes, bestehend aus dem menschlichen Körper und dem Gehirn ist. Immer dann, wenn ein Gedanke entsteht, entsteht auch eine Querverbindung zwischen den zuvor genannten Proteinen. Bewusstsein wirkt somit auf die neurobiologische Physis als eine treibende Kraft auf der Grundlage quantenmechanischer Prozesse. Menschliche DNS[9] ist sowohl von quantenmechanischer Konsistenz als auch ein Makromolekül, ein Molekül, das aus mehreren Tausend Atomen

[9] Des|oxy|ri|bo|nu|k|le|in|säu|re die; - (Biochemie): in allen Lebewesen vorhandene Nukleinsäure, die als Träger der Erbinformation die stoffliche Substanz der Gene darstellt (Abk.: DNS, DNS)

aufgebaut ist. Nun, da Gedanken quantenmechanische Prozesse darstellen, entstehen aus Gedankenimpulse Moleküle, mit dem Ergebnis eines biochemisch-elektrischen Prozesses. In den zuvor beschriebenen Proteinen des Zytoskellets können sich Elektronen frei bewegen und den Zustand des Proteins kontrollieren, was Auswirkungen auf Nervenzellen und damit das Gehirn hat. Elektronen sind negativ geladene Elementarteilchen die in Atomen und Ionen die Elektronenhülle bilden. Sie sind also Quantenobjekte, bei denen sowohl eine Wellen- als auch Teilcheneigenschaft beobachtet werden kann. Das besondere an Wellen ist, dass sie interferieren und damit auch interagieren können. Sie können sich also überlagern, agieren und aufeinander reagieren sowie sich wechselseitig beeinflussen. Da nun Gedanken und Bewusstsein auch den Gesetzen der Quantenphysik unterliegen und damit Wellencharakter haben, kann durch Wellen beförderte Information und Energie über weite Bereiche von Raum und Zeit verteilt sein. Auch die Wahrscheinlichkeitswellen von Quanten zeigen diese Eigenschaft.

Abb. 2 - Quanteneffekte

„Schrödingers Katze“

Zur plakativen Verdeutlichung von der Theorie über Wahrscheinlichkeitswellen eignet sich am besten das quantenmechanische Gedankenexperiment von Erwin Schrödinger.[10] In seinem gedanklichen Experiment steckte Schrödinger eine Katze in eine undurchsichtige Kiste. Neben die Katze platzierte er eine Art Apparatur, bestehend aus einem radioaktiven Atom, einen Geigerzähler einen Hammer sowie eine Giftampulle. Wegen der Halbwertszeit des Atoms von einer Minute besteht eine 50%ige Wahrscheinlichkeit eines Zerfalls des Atoms. Der Geigerzähler würde den Zerfall registrieren, den Hammer auf die Giftampulle fallen lassen, worauf hin das ausströmende Giftgas die Katze tötet. Was aber, wenn das radioaktive Atom nicht zerfallen ist und die Katze noch lebt? Immerhin besteht eine 50%ige Wahrscheinlichkeit, dass dem so sein könnte. Es existieren somit zwei Wahrscheinlichkeiten. Entweder die Katze ist tot oder sie lebt. Nach den Gesetzen der Quantenmechanik können sich zwei Wahrscheinlichkeitswellen zu einer überlagern. In Schrödingers Experiment beschreibt das Prinzip der Kiste mit der toten Katze eine Wahrscheinlichkeitswelle und das Prinzip der Kiste mit der noch

[10] Erwin Rudolf Josef Alexander Schrödinger (1887 - 1961 Wien); Österreichischer Physiker und Wissenschaftstheoretiker.

lebenden Katze eine weitere Wahrscheinlichkeitswelle. Beide Wahrscheinlichkeitswellen können sich zu einer neuen Wahrscheinlichkeitswelle überlagern, die dann beide Zustände synchron beschreibt. Nun ist die Katze gleichzeitig tot und auch lebendig. Diesen Zustand bezeichnet die Quantenphysik als Superposition. Würde man nun als Beobachter fungieren und in die Kiste schauen, um herauszufinden, ob die Katze noch lebt oder doch tot ist, würde die Wahrscheinlichkeitswelle, die ja beide überlagerte Zustände beschreibt, dazu veranlassen, zu kollabieren und in einen einzigen Zustand übergehen. Dann wäre die Katze entweder tot oder lebendig. Jedoch nicht mehr in beiden Zuständen gleichzeitig.

„Kräht der Hahn auf dem Mist, ändert sich das Wetter oder es bleibt, wie es ist.“

Beobachtung verändert folglich das System der subatomaren Welt. Aber auch Erinnerungen sind eine Art Beobachtung. Retrospektiven sind Denkprozesse, die ebenso wie der Prozess der Wahrnehmung, Quantenprozesse auslösen. Der Ablauf erfolgt nur in umgekehrter Reihenfolge. Neu gewonnene Eindrücke werden mit Gefühlen gekoppelt, die dazu dienen, den Menschen zu steuern. Sie sind, wenn man so will, die Fernsteuerung. Fühlen wir uns bei etwas, was wir tun gut, wiederholen wir es. Andersherum, wenn es schadet. In beiden Fällen haben wir ein Gefühl, das uns bei unserem Wirken antreibt oder soweit blockiert, bis das wir von einer Handlung ablassen. Den Kopf vor die Wand zu schlagen, löst schmerzen aus. Spätestens dann, nachdem sich eine Gehirnerschütterung eingestellt hat, lassen wir davon ab. Das Resultat wird sein, dass eine Handlung mit einem unwohlen Gefühl codiert wird. Erhalten wir dagegen eine Reflexzonenmassage, verbinden wir die Erfahrung mit einem wohltuenden Gefühl. Genauso verhält es sich beispielsweise mit dem Gefühl verliebt oder, um das Antonym zu nutzen, traurig zu sein. Es spielt keine Rolle, ob eine Erfahrung gerade erlebt oder sie repräsentiert, wiedererinnert wird. Beide Zustände finden im Gehirn statt und deshalb sind auch die gleichen neuronale Netze bei der Verarbeitung der Gedanken aktiv. Bei einer sporadischen Erinnerung werden die gleichen untereinander verschalteten Nervenzellen so aktiv, wie sie beim Erleben eines Ereignisses zuvor geschaltet wurden. Wenn man jedoch ein Erlebnis ständig aufs Neue erlebt oder ein Ereignis immer wieder aufs Neue repräsentiert, gehen die aktiven Nervenzellen eine dauerhafte Beziehung miteinander ein. Es entsteht eine bestimmte, eine besondere Art eines neuronalen Netzes. Dieses gefestigte neuronale Netz steht nun mit allen anderen Nervenzellen in einem dauerhaften Verhältnis und nimmt Einfluss auf das implizite Gedächtnis eines Menschen. Das Erleben und Verhalten eines Menschen ändert sich, ohne das einem der Veränderungsprozess bewusst geworden ist. Allerdings verlieren dann auch solche Nervenzellen ihre Verbindung zueinander, wenn keine Aktivität mehr stattfindet. Gedankenprozesse formen sozusagen neuronale Netze. Der Wirkungsgrad von Reizen gleicher Stärke erhöht sich, wenn bestimmte Nervenbahnen wiederholt erregt werden.

Abb. 3 - Zwei Zustände in Schrödingers Experiment

Das hat zur Folge, dass schon ein schwacher Reiz die Nervenbahn erregen kann. Ein Reiz kann Gedächtnisinhalte aktivieren, nachfolgende Reize positiv oder negativ beeinflussen.

Wie stark Gedanken auf den Körper wirken können, zeigt die Regulierung des Immunsystems oder die Steuerung des vegetativen Nervensystems. Jeder emotionale Zustand basiert auf einem Mix bestimmter Neurohormonen. Das Gefühl des Unglücklichseins wird durch eine ganz spezielle Zusammensetzung hervorgerufen. Genauso gibt es aber auch Hormone, die für das Glücksgefühl verantwortlich sind. Wenn nun Hormone für eine gewisse Geisteshaltung schuld sind und für die Geisteshaltung bestimmte Gedanken, kommt die Frage auf, was wohl passiert, wenn der Gedanke verändert wird? Was passiert, wenn man anstatt an etwas Schlechtes, an etwas Gutes denkt? Nach den hier geschilderten Vorgängen liegt die Antwort nahe. Es verändert sich die hormonelle Zusammensetzung die den emotionalen Zustand bestimmt.

Ein oft beobachtetes Phänomen bei scheinbar unheilbar Kranken ist, dass sie durch den Schockzustand den sie erleiden, wenn ihnen der Arzt die erschreckende Diagnose stellt, plötzlich damit beginnen, ihr bisheriges Leben und die aktuelle Lebenseinstellung zu hinterfragen. Dinge die vorher wichtig waren, rücken plötzlich in den Hintergrund und erscheinen einem so etwas von banal, dass man sich im Nachhinein über sich selber wundert, weshalb man seine kostbare Lebenszeit unsinnig damit vergeudet hat. Man regt sich über Dinge, die einen zur Weißglut gebracht haben, plötzlich gar nicht mehr auf. Man betrachtet die Dinge mit anderen Augen, was bedeutet, dass man die Position des Betrachters einnimmt und damit den Weg für eine neue, andere Geisteshaltung frei macht. Leider verfällt man schnell wieder in alte Muster, sobald die Krankheit nachlässt. Es gibt unzählige Ereignisse von spontaner Selbstheilung. In allen Fällen steht eine veränderte Geisteshaltung, veränderte Gedanken als Ursache dahinter. Krankheiten sind Botschaften der Seele, die uns dazu drängen wollen, den aktuellen Lebensstil zu beenden beziehungsweise zu verändern. Die häufigsten Ursachen für die meisten Erkrankungen sind psychosoziale Stressfaktoren. Unter Krankheit versteht man Störungen der Funktion eines oder mehrerer Organe aber auch Störungen der Psyche. Denn wie bisher schon erörtert, beginnt jede Erkrankung mit bestimmten Gedanken.

Konzepte

> ***„Wer klug ist, ändert mit den Umständen seinen Plan."***

Bei dem Begriff Stress denken die meisten Menschen an Hast, Zeitdruck und viel Arbeit. Stress ist jedoch mehr als nur eine Definition von Zeitmangel. Als Stressauslöser kann man aber auch ein individuelles Gedankenkonstrukt bezeichnen, das man sich selbst zusammenlegt, wenn bestimmte Faktoren vorliegen. Wohlbemerkt, Stress kann durchaus auch auf physikalischer Natur wie zum Beispiel Lärm oder aufgrund toxischer Substanzen wie Drogen den Körper wirken, das heißt, auf eine Belastung bestimmte Reaktionen hervorrufen und die Gesundheit schädigen. Wir wollen aber das Heimtückische am Stress durch psychische Belastung ins Auge fassen und feststellen, dass emotionaler Stress durch eine subjektive Betrachtungsweise spezieller Zustände entsteht. Es ist gar keine Frage, den Verlust eines Familienangehörigen kann man nicht so ohne Weiteres wegstecken. Den Tod eines Unbekannten oder gar Unbeliebten schon eher.

An diesem makaberen Beispiel ist gut zu erkennen, wenn nur ausreichend Informationen über eine Person vorliegen, dadurch bestimmte Gedanken vorhanden sind, die dann eine bestimmte Emotion auslösen. Bei einer Person über die wir positive Gedanken haben empfinden wir Trauer, bei einer unbeliebten Person vielleicht sogar Freude. Es ist stets die subjektive Sichtweise aufgrund vorherrschender Informationen, die für eine Emotion verantwortlich ist. Der Durchschnittsdeutsche ist mit einer Summe X verschuldet. Nur wenigen ist diese Sachlage gleichgültig. Die meisten Menschen machen sich sorgen und konstruieren Szenarien im Kopf, was geschieht, wenn die Schulden nicht mehr getilgt werden können. Schon die bloße Veränderung des Standpunkts lässt das Problem verschwinden. Nicht der Schuldner muss sich sorgen machen, sondern der Gläubiger, denn nur er hat etwas zu verlieren. Eine andere Sicht der Dinge lässt jedoch meist auch eine differente Bewertung der Sachlage zu. Stress erschwert den Denkprozess und lässt Gehirnmasse schrumpfen. Im Gegensatz zur linken Gehirnhälfte ist die rechte in der Lage Informationen gleichzeitig zu verarbeiten. In Stresssituationen ist die rechte Gehirnhälfte jedoch meist ausgeschaltet und das Gehirn beschränkt sich auf die Tätigkeit der linken Gehirnhälfte. Diese kann jedoch Informationen nur sequenziell, nacheinander verarbeiten. Die Folge ist, dass bestimmte Fähigkeiten die die rechte Gehirnhälfte steuert, nicht dazu beitragen, die Stresssituation zu meistern.

Autonome Funktionen des Körpers sind bei Stress aktiv und ermöglichen dem Menschen körperlichen, geistigen und seelischen Belastungen Stand zu halten.

Der psychische Apparat sendet sehr schnell die ersten Signale, sobald der Mensch seine eigentliche Belastungsgrenze überschreitet. Eines ist beispielsweise die Erschöpfung. Dazu braucht man gar nicht körperlich tätig gewesen zu sein. Die Verarbeitung emotionaler Vorgänge führt sogar zu längeren Regenerationsphasen als es vielleicht nach einer Wohnungsrenovierung der Fall wäre, obwohl die Erschöpfung ausschließlich auf die körperliche Überbelastung zurückzuführen wäre. Psychischer Stress kann nur auf den Menschen einwirken, solange der Blickwinkel auf die Situation unverändert bleibt. Das Gehirn verfügt eigentlich über ausreichende Möglichkeiten mit einer Situation umzugehen. Wir müssen es nur zulassen. Sämtliche Konzepte basieren auf Gesetzmäßigkeiten der assoziativen Erinnerung. Gefühle wie Angst, Trauer, Glück, etc. sind hochkomplexe biochemische Prozesse des zentralen Nervensystems im Gehirn. Trifft ein Reiz auf ein Sinnesorgan, werden damit innere Bilder aus der durch Erfahrung angelegten Datenbank assoziiert und interpretiert. Ein Hormoncocktail wird produziert und der Mensch empfindet ein Gefühl. Dieses Gefühl ist ein Autopilot der den Menschen mit den Daten aus dem Unterbewusstsein navigiert. Wenn man so will, sind Emotionen die Fernsteuerung des Unterbewusstseins. Jede Person hat individuelle Konzepte über Emotionen. Der Zustand des Glücklich seins entsteht durch bestimmte Konstellationen äußerer Reize und innerer Verarbeitung dieser Reize. Nehmen wir einmal an, dass hin und wieder auf ein Gefühl des Glücklichseins eine Enttäuschung folgte, die das Gefühl Glücklichsein zunichtemachte, wird das Konzept über den Zustand Glücklichsein neu- beziehungsweise umgeformt. Informationen in Form von Erfahrungen reichern die Datenbank an und verändern die mit einem Zustand oder Begriff assoziierten Gedanken. Es entstehen neue, andere synaptische Verbindungen im neuronalen Netz mit Auswirkung auf die Empfindung. Gedankliche Assoziationen sind somit die Verknüpfung innerer Bilder. Ohne diesen Prozess wäre ein Denken oder Fühlen unmöglich. Wenn wir in der Lage wären, diesen Prozess aber zu kontrollieren, wären wir in der Lage, Entscheidungen auf rein rationaler Ebene zu fällen. Kein Gefühl würde mehr einen Entscheidungsprozess beeinflussen.

„Man sieht oft etwas hundertmal, tausendmal, ehe man es zum allerersten Mal wirklich sieht." Christian Morgenstern (1871 – 1914); Deutscher Dichter und Schriftsteller

Betrachten Sie einmal folgendes Bild. Was sehen Sie?

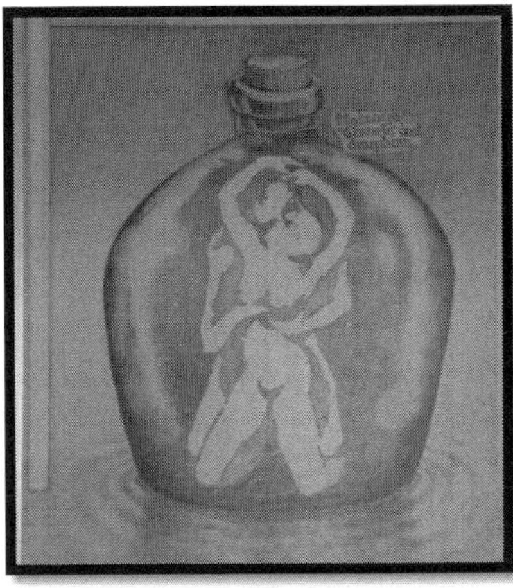

Abb. 4 - Inversionsfigur

Können Sie die neun Delfine sehen? Vermutlich nicht! Sicherlich sehen Sie eine erotische Szene. Kinder können das eng umschlungene Paar nicht sehen. Der Grund dafür ist, dass sie über kein Konzept verfügen, das intime Szenen repräsentiert. Es gibt also zwei Realitäten. Einen Zustand aber zwei Realitäten. Die Realität ist immer das, was uns unser Gehirn als Real bewusst werden lässt.

Imagery

Wahrgenommene Eindrücke, die sich auf konkrete Objekte unserer Umwelt beziehen, werden im Gehirn beziehungsweise im Gedächtnis mit drei Codierungen versehen.

SENSORISCHE CODIERUNG (QUALITÄT)

Sämtliche Informationen, die mit den Sinnesorganen erfasst werden. Wie fühlt sich das Objekt an? Wie sieht es aus? Wie riecht es? Welche Geräusche macht es? Wie schmeckt es?

EPISODISCHE CODIERUNG (QUELLE)

Informationen über spezifische Ereignisse, die in einem bestimmten Kontext stattgefunden haben. Zum Beispiel Ereignisse im Urlaub, im Meeting, etc.

SEMANTISCHE CODIERUNG (RELEVANZ)

In diesem Prozess wird allgemeines Faktenwissen über ein Objekt erfasst und gespeichert. Es enthält vor allem Informationen über den Nutzen.

Das Besondere ist nun, das sämtliche Informationen emotional bewertet werden, bevor sie ins Bewusstsein gelangen.

Es besteht eine emotionale Codierung sämtlicher Informationen, was uns wieder darauf zurückbringt, dass die Verarbeitung von Gedächtnisinhalten quantenmechanischer Natur ist.

Das Bild mit der Flasche, auf der Kinder lediglich Delfine erkennen, Erwachsene aber ein eng umschlungenes Paar sehen, ist Beispiel dafür, wie unterschiedlich Objekte wahrgenommen werden können. Fehlt eine bestimmte Information in der Datenbank, wird diese auch nicht als Reiz identifiziert und decodiert. Es ist schlichtweg nicht vorhanden. Das Gleiche passiert selbstverständlich genauso, wenn man nicht weiß, wie ein Delfin aussieht.

Wie alt ist die Realität

„Realität ist eine subjektive Wahrnehmung, die die eigenen Überzeugungen eines Glaubenssystems widerspiegelt."

Wir erliegen oft der Täuschung, dass all das, was wir im Moment erleben, auch in diesem Moment geschehen ist. Unter neurophysiologischen Gesichtspunkten gelangen die Informationen aus der vermeintlich realen Welt indessen zeitversetzt ins Bewusstsein. Der Grund dafür liegt in der Verarbeitung der gesammelten Informationen. Das wohl repräsentativste Sinnesorgan des Menschen ist das Auge und damit die Fähigkeit Elemente visuell zu erfassen. Ein Nervenimpuls, der von der Netzhaut zum Sehzentrum der zerebralen Hirnrinde durchgeleitet wird, benötigt in etwa zwischen 30 bis 50 Millisekunden. Im Vergleich zu einem Tischtennisspiel, in dem der Ball von der einen Seite des Tisches zur anderen Seite innerhalb 20 bis 30 Millisekunden geschlagen wird, eine eigentlich unmögliche Tatsache. Darüber hinaus muss die Information auch noch ausgewertet, beurteilt und eine Entscheidung darüber getroffen werden, was als Nächstes erfolgt, wodurch ebenfalls einige Millisekunden verstreichen. Nicht zuletzt das Signal, das nach der Entscheidung gesendet wird, um mit den errechneten Parametern den Schläger in die korrekte Position zu bringen. Die Verarbeitungszeit kann nur im Bereich von Millisekunden gehalten werden, weil Neurone in Parallelverbindungen feuern und das Gehirn dadurch eine riesige Datenmenge verarbeiten kann. Die Parameter bestimmen die gesamte Körperhaltung samt der Schlagkraft und vielen weiteren Faktoren, die dazu nötig sind, den Ball den Vorstellungen entsprechend zurückzuspielen. Hinter dem Ausdruck Vorstellungen verbirgt sich eine gigantische Rechenleistung, um aus der Unmenge an Parametern diejenigen herauszusuchen, die das gewünschte Ziel erreichbar machen. Beim Tischtennis besteht das Ziel darin, den Ball auf eine Art zurückzuschlagen, die es dem Gegner unmöglich macht, den Ball in das Feld des anderen zu bringen.

Es stellt sich nun jedem die Frage, wie es möglich ist, dass der Ball schneller ist, als das Signal in unserem Kopf? Was wir dort sehen, ist der Ball in der Vergangenheit. Warum der Ball aber trotzdem geschlagen werden kann, liegt an der Fähigkeit bevorstehende Bewegungsabläufe gedanklich vorwegzunehmen.

„Bioelektrische Prozesse der Informationsverarbeitung im Gehirn verzerren das Bild der Realität.“

In diesem Fall lässt die Körperhaltung sowie die Schlägerstellung des Gegenspielers einen bestimmten Schlag vermuten, worauf hin das eigene Aktions- und Reaktionsmuster adaptiert[11] wird. Bestehende Gedächtnisinhalte werden mit aktuellen Sinneseindrücken abgeglichen, um herauszufinden, welchen Schlag der Gegenspieler vornehmen wird. Dieser Datenabgleich setzt einen konkreten Erfahrungsschatz voraus. Nämlich den, zu wissen, welche Körperhaltung und Schlägerstellung, zu welchem Ergebnis führen. Ist auch nur eine minimale Abweichung eines Aktionsmusters des Gegenspielers vorhanden, das nicht in der Datenbank gespeichert ist, erfolgt eine Interpretation mit fatalem Ergebnis.

Die Zielvorstellung, den Ball auf bestimmte Weise zurückzuspielen, kann nicht realisiert werden, weil falsche Parameter aufgrund fehlender Faktoren als Reflex ausgegeben werden. Gleiches geschieht, wenn zwar sämtliche Aktionsmuster bekannt sind, die Sinneswahrnehmung jedoch vorübergehend getrübt ist, weil die Aufmerksamkeit weg vom Geschehen gezogen wurde, etwa durch das Niesen eines Zuschauers. Der unvollständige Datensatz führt ebenfalls zu Fehlinterpretationen. Das ist der Grund, weshalb

[11] abstimmen, angleichen, anpassen, einstellen, passend machen,

Profispieler Videoaufzeichnungen der Gegner vor einem Spiel studieren. Spiegelneurone im Gehirn füttern die Datenbank mit konkreten Informationen, die dazu dienen, auf wahrgenommene Aktionsmuster entsprechend reagieren zu können.

Wie schon auf Seite 19 erwähnt, ist der Mensch außerstande, sämtliche Reize aus der Umwelt wahrzunehmen und zu verarbeiten. Es existiert in jedem von uns ein Filter, der nur solche Informationen verarbeitet, die für eine Aufrechterhaltung der eigenen Konzepte dienlich sind. Alles, was der eigenen Überzeugung widerspricht, wird erst einmal abgelehnt. Es muss ein Überzeugungstransfer stattfinden, damit festgefahrene Muster moduliert werden können. Die Konsequenz aus diesem Verhalten ist, dass die Signale der Außenwelt als interpretierte Realität verstanden werden. Es entstehen quasi Momentaufnahmen von einer Dauer zwischen 20 und 200 Millisekunden, die dann als Ereignis erlebbar sind. Als geeignetes Beispiel dienen hierzu mehrere Zeugen die eine Straftat beobachtet haben wollen. Hinterfragt man detailliert den Tathergang und Täter, dann erhält man umso mehr ungenaue und unwahre Angaben, je tiefer man ins Detail geht. Das liegt einfach daran, dass der Mensch dazu neigt, ein verzerrtes Bild durch Glaubenssysteme und anderen Vorstellungen zu vervollständigen. Ganz zu schweigen von den Abwehrmechanismen im psychischen Apparat.

Unter Abwehrmechanismus sind psychische Vorgänge zusammengefasst, die dazu dienen, seelischen Konflikten vorzubeugen. Hierbei werden Realitätsausschnitte getilgt. Wie an diesen wenigen aber dennoch einflussreichen Faktoren zu erkennen ist, findet bei jedem eine andere Verzerrung der Realität statt. Ein weiteres Beispiel dafür, wie Vergangenes immer noch Realität sein kann, ist das Sterben solcher Sterne, die tief im Universum in anderen Sonnensystemen ihren Platz haben.

Aufgrund der Entfernung zur Erde braucht das Licht eines weit entfernten Sterns mehrere Jahre, daher auch der Begriff Lichtjahre, bis es auf unserem Planeten ankommt. Der Stern ist längst erloschen, also nicht mehr existent, leuchtet für uns aber dennoch. Was wir also sehen, ist der Zustand des Sterns, wie er sich in der Vergangenheit zeigt. So können Jahrzehnte vergehen und wir glauben immer noch, ja wir sind der festen Überzeugung, dass der Stern noch immer ein Teil des Universums ist.

Der im Pazifik liegende Inselstaat Kiribati feiert schon um 11:00 Uhr Mitteleuropäischer Zeit Sylvester. Für die Inselbewohner hat das neue Jahr schon längst begonnen, während wir hierzulande gerade erst das Mittagessen aufsetzen.

Jedes Erleben und jede Fähigkeit gehört zu einer bestimmten Gehirnaktivität wobei Milliarden von kleinen Informationseinheiten das Unterbewusstsein bilden. Obwohl wir nichts davon bemerken, steuert das hochkomplexe Netzwerk die einfachsten Entscheidungen bereits im Vorfeld. Diese unbewussten Steuerungsvorgänge sind der Knackpunkt in der Bildung von Realitäten.

Neuprogrammierung von Steuerungs-vorgängen

Im menschlichen Gehirn arbeiten zig Milliarden Nervenzellen nach einem chaostheoretischen System. Der gesamte Körper besteht aus Atomen. Alles an uns sind zusammengefügte Atome. Diese Tatsache und das Wissen über quantenmechanische Prozesse erlauben es, in unbewusste Mechanismen einzugreifen und Veränderungen vorzunehmen.

Quanten sind masselose Teilchen, die in Atomen milliardenfach vorkommen. Sie können sowohl Energie als auch Informationen transportieren und somit Masse beeinflussen. Sämtliche Lebensprozesse werden durch Quanten gesteuert. Ein Grundprinzip der Quanten ist die Verschränkung, was bedeutet, dass im Endeffekt alles Existierende miteinander verbunden ist. Und aufgrund dieser Verbindung, löst die Veränderung von Zuständen eine Kettenreaktion aus, wodurch dieses Große und Ganze das uns umgibt in Bewegung ist. Alles Materielle und Immaterielle hat Welleneigenschaften. Auch das Bewusstsein hat Quantenwellenfunktion. Die Frage, was das Alles zusammenhält oder entstehen lässt, eben dass die Atome, die einen Finger bilden. genau an dieser Stelle zusammenkommen um einen Finger darzustellen, lässt sich wohl nur hypothetisch beantworten. Es muss ein übergeordnetes System geben, das nach einem geordneten Muster handelt. Immer und immer wieder.

Die Chromosomen der DNS enthalten Erbinformationen und sind mit der heutigen Technik manipulierbar. Was bedeutet, dass durch Einflussnahme ein Prozess, der eigentlich nach einem geordneten Muster abläuft, veränderbar ist. Folgende Generationen werden dann nach den gleichen Bausteinen entstehen, weil die Erbinformation ja umprogrammiert wurde. Eine Umprogrammierung von Erbinformationen kann aber auch ohne die direkte Genmanipulation erfolgen. Verändert sich der Mensch im Laufe des Lebens, verändert sich auch seine DNS. Massenmörder können die Lust am Morden an ihre Kinder weitergeben. So können zahlreiche Entscheidungen die im Laufe des Lebens getroffen werden, bereits in den Genen ihren Ursprung haben. Genetisch programmierte Bedürfnisse verknüpfen sich unterbewusst mit biografischen Erfahrungen.

Konversionsphänomene

Wie Gedanken die Funktionen des Körpers steuern können, zeigen die sogenannten Konversionsphänomene. Es handelt sich dabei um Auswirkungen der zuvor erwähnten Abwehrmechanismen. Konversionsphänomene sind in der internationalen Klassifikation psychischer Störungen als Dissoziative Störungen katalogisiert. Konversionsstörungen manifestieren sich meist als Organ oder Muskelneurose. Organe und Muskel weisen dabei Funktionsstörungen auf und können auch Schmerzen verursachen. Eines der bekanntesten Phänomene ist wohl der Ausfall der Sinnesorgane wie die hysterische Blindheit bei Adolf Hitler kurz vor Ende des Ersten Weltkrieges. Hitler wollte die Niederlage Deutschlands nicht zugestehen und um die Tatsache, die seinem Glaubenssystem widersprach nicht sehen zu müssen, schaltete seine Psyche einfach sein Sehvermögen aus.

Konfliktsituationen die das eigene Glaubenssystem und oder das Unbewusstsein überfordern, veranlassen die Ausschüttung von Endorphin-Neurotransmittern die Erregungs- oder Betäubungszustände hervorrufen, ja sogar das völlige Abschalten einiger Organe oder Muskel bewirken. Konversionsphänomene können jede Erkrankung darstellen, ausgelöst durch reine Überzeugungen. Das Äquivalent zu Überzeugung ist Glaube.

„Für den gläubigen Menschen steht Gott am Anfang, für den Wissenschaftler am Ende aller seiner Überlegungen.“
Max Planck (1858 – 1947); Begründer der Quantentheorie & Nobelpreisträger

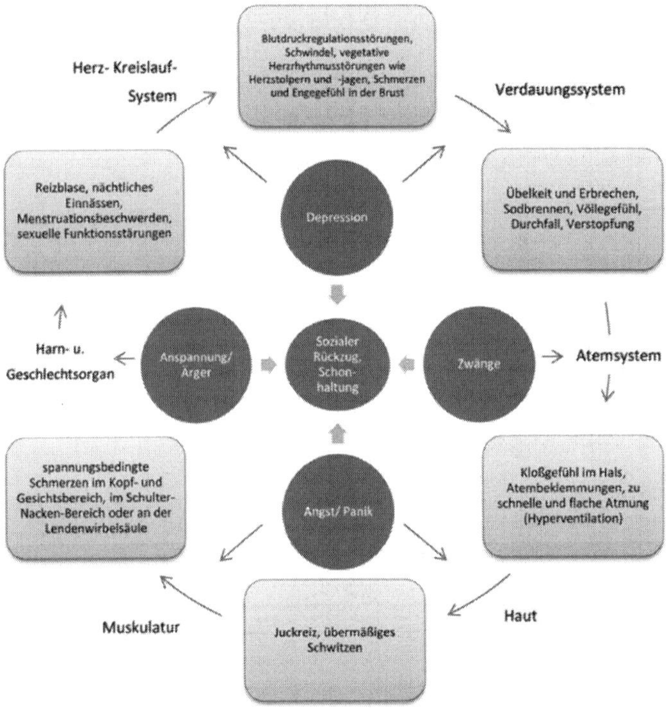

Abb. 5 - Psychosomatik (Einflussfaktoren)

Gott ist ein Hirnareal

Der Mensch glaubt jeher an Götter, Institutionen, Staaten und so weiter. Er denkt, dass irgendetwas oder irgendwer die Dinge in der Welt lenkt und erschafft. Es gibt, so denkt er, eine höhere Instanz, eine Macht, die es dazu kommen lässt wie es. Irgendjemand macht das alles schon und der ist dann auch dafür verantwortlich. Wenn jemand sagt, dass er an Gott glaubt, so ist das nichts Verwerfliches.

Sagt eine Person aber, sie glaubt an Außerirdische, dünne grüne Männchen mit überdimensioniertem Kopf, dann verdreht man etwas die Augen und ignoriert diese Aussage. Menschen, die in die Kirche gehen, um zu Gott zu beten, mit ihm sprechen und um Vergebung bitten, weil sie gesündigt haben, dann ist das nichts Ungewöhnliches. Sagt jedoch jemand, er hätte zu diesen dünnen grünen Männchen mit überdimensioniertem Kopf gesprochen, wird er sich wohl über kurz oder lang in der geschlossenen Psychiatrie wiederfinden.

Ob an Gott, Außerirdische oder sonst jemanden oder etwas zu glauben spielt keine Rolle. Wichtig ist, dass der Glaube stark genug ist, um quantenphysikalische Prozesse auszulösen.

„Wenn ich nur fest daran glaube, dann wird es schon geschehen."

Hirnforscher haben herausgefunden, dass Gott eigentlich nichts anderes ist, als ein Neurotransmitter im Temporallappen. Der Temporallappen befindet sich so ziemlich hinter dem linken Ohr. Gott ist demnach ein Neurotransmitter der unsere Wünsche, Ängste, Hoffnungen und all das, worauf wir glauben keinen Einfluss zu haben, schon in unserem Sinne richten wird. Doch was geschieht eigentlich, wenn wir einen Wunsch äußern? - Wir denken! Und was sind Gedanken? - Quantenphysikalische Prozesse!

Wenn wir also glauben, dass es jemanden oder etwas gibt, der unsere Wünsche Wirklichkeit werden lassen kann, dann sind wir das selbst durch unsere Gedanken. Gott steht stellvertretend für das eigene Ich. Gott ist stärker und mächtiger als ich. Deshalb wird er das auch schaffen. Indem wir so stark davon überzeugt sind, dass ein übermächtiger Dritte unsere Vorstellungen verwirklicht, denken wir, dass der große und mächtige Unfehlbare gar nicht scheitern kann, weil er ja vollkommen ist. Was Menschen machen, wenn sie zu Gott sprechen, ihn um etwas bitten, ist, dass sie gar nicht davon ausgehen, dass er scheitern könnte. Im Gegensatz zu sich selbst.

Das Selbstbewusstsein eines Menschen ist empfindlich. Es gerät durch psychische und physische Instabilität ins Wanken. Es ist dynamisch. Mal hoch, mal niedrig. Diese Schwäche existiert bei einem Gott nicht, weil sonst wäre es ja kein Gott. Wenn Menschen einen Wunsch an einen Gott richten, dann hoffen sie so stark daran, dass es real wird. Jedoch nur, wenn sie den Weg zum Ziel, Möglichkeiten aufzeigen, die dazu beitragen, damit der Wunsch in Erfüllung geht.

Der Sage entsprechend wurde Jesus Christus ans Kreuz genagelt. An jedem Kruzifix ist deutlich zu erkennen, dass er durch Hände und Füße ans Kreuz genagelt wurde. Man stellt sich also den Vorgang bildlich vor, wie man ihn aufs Kreuz legt und ihm unter großen Schmerzen die Nägel durch die Gliedmaßen hämmert.

Stigmatisation bezeichnet das Auftreten der Wundmale Christi bei lebenden Menschen. Stigmatisierte zeigen Verletzungen der Hände und Füße, wie sie entstehen, wenn man einen Nagel hindurch schlägt. Einen Nagel, wie er bei der Kreuzigung Jesus Christus verwendet wurde.

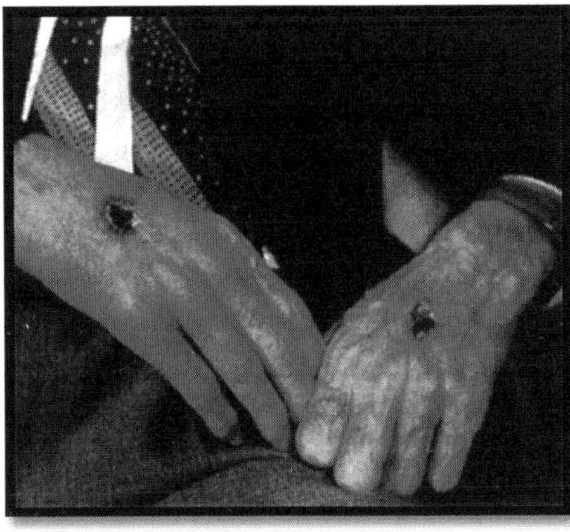

Abb. 6 Mann mit Wundmale Christi. Metamorphose aufgrund Wahnvorstellungen.

Jeder gläubige Mensch sieht hier einen Zusammenhang zwischen Jesus Christus, seiner Kreuzigung, seinem Leidensweg, also dass es sich tatsächlich zugetragen haben muss. Und mehr noch. Stigmatisierte haben einen besonderen Bezug zu Jesus Christus. Einige Stigmatisierte wurden in der Vergangenheit sogar zu Lebzeiten heiliggesprochen.

Doch damals hat man die Menschen eben nicht durch Hände und Füße ans Kreuz genagelt. Zur Zeit der Kreuzigungen wurden Nägel durch Speiche und Elle des Unterarms beziehungsweise des

Handgelenks geschlagen. Würde ein Nagel mitten durch die Hand ans Kreuz genagelt worden sein, dann würde die Hand unter dem Gewicht des Körpers durchreißen. Ein klarer Beweis. Doch wie kommen dann die Wundmale zustande, wenn Sie nicht durch eine religiöse Macht erzeugt wurden? Durch quantenphysikalische Prozesse, ausgelöst durch Gedanken! Denn Stigmatisation ist nichts anderes, als die starke Vorstellung, ein starker Glaube, man wäre in besonderer Weise mit Jesus Christus verbunden. Intensive Einbildung, Vorstellung oder Glaube entfesseln psychische Kräfte, die es ermöglichen, Atome in Zellen des menschlichen Körpers augenblicklich zu verändern.

Gehen wir in der Geschichte Jesus Christus noch einen Schritt weiter zurück und erwähnen die in den Evangelien so zahlreich beschriebenen Heilungswunder. Gehen wir einmal davon aus, dass Jesus Christus keine Romanfigur ist, sondern dass es den Menschen Jesus Christus und seine Geschichten wirklich gegeben hat, der Blinde sehend und gelähmte gehend machte. Da Geschichtenerzähler gerne zu Übertreibungen neigen, lassen wir hier den Teil über Totenerweckungen aus und konzentrieren uns auf die Kraft der Suggestibilität. Nehmen wir an eine Person ist stark suggestibel, mit geringem Selbstbewusstsein und glaubt an jemanden von dem man sagt, er sei der von Gott gesandte. Jetzt steht dieser jemand, der von sich glaubt von Gott gesandt zu sein, plötzlich vor einem. Diesen Zustand bezeichnet man in der Psychologie gerne auch als Messias oder Messianischer Komplex. Es stehen sich also zwei Personen gegenüber, die beide an eine überirdische Kraft glauben. Hier entsteht eine Idealsituation für eine Zell-Metamorphose, die nichts anderes ist als ein Quanteneffekt. Auf den Befehl „Du bist von deinen Leiden geheilt“, wird eine Art Reset-Schalter betätigt, der das Unterbewusstsein von den vielen destruktiven Ideen und Gedankenspuren befreit. Da der Körper aus Atomen besteht und Atome durch Quanten gesteuert werden, sind es auch die Quanten die eine anomale Zellveränderung rückgängig machen können.

Der Placebo Effekt in der Schulmedizin ist nichts anderes. Scheinarzneimittel oder sogar Scheinoperationen wirken in manchen Fällen genauso wie Pharmazeutika oder tatsächlich durchgeführte chirurgische Eingriffe. Bekommt der Patient gesagt, dass es sich um einen revolutionär hochwissenschaftlichen Wirkstoff handelt, der aufgrund einer sofortigen Wirkung nur einmal täglich eingenommen werden darf, so kreiert der Patient eine Art selbsterfüllende Prophezeiung. Er entwickelt Vorstellungen, die ihn glauben lassen, dass das Medikament mit vermeintlichem Wirkstoff tatsächlich Veränderungen in seinem Körper vornimmt. In Altenheimen immer wieder gerne als Verstärker benutzter Satz lautet: „Erzählen Sie es aber nicht weiter, sonst kommen die anderen Patienten und wollen das auch haben. Professor XY hat mir aber nur eine begrenzte Zahl an Tabletten gegeben. Auf ihren Heilungsverlauf abgestimmt.“ Je stärker die Fantasie des Patienten ist, je stärker sie angeregt wird, desto erfolgreicher wirkt das Placebo.

„Erwartungshaltungen lösen neuronale Aktivitäten im Gehirn aus, die das subjektive Befinden positiv verändern.“

Auf Seite 19 wurde angesprochen, dass die psychische Verfassung Auswirkungen auf die Wundheilung hat. Generell ist klar, dass Wunden bei verschiedenen Personen unterschiedlich schnell oder langsam heilen. Es existiert somit ein Faktor, nämlich Vorstellungen und Gedanken, die organische Effekte auslösen und beeinflussen. Es gilt, solche Vorstellungen und Gedanken kontrolliert, also bewusst entstehen zu lassen und somit eine direkte Kontrolle über die Vorgänge, die um uns sowie in uns ablaufen, zu erhalten. Der Autopilot, der unterbewusst entscheidet, wie schnell oder langsam ein Heilungsprozess vonstattengeht, muss umprogrammiert werden. Das Werkzeug dafür heißt Autosuggestion.

„Jeder Gedanke ist eine Kraft. Wer sich positive und aufbauende Gedanken macht, der fördert die positiven Kräfte in sich.“ Erich Rauch

Durch die regelmäßige Wiederholung eines kurzen, knappen Satzes oder Ausdruckes, in dem sich ein gedanklicher Zusammenhang erhellend fassen lässt, wird der Gedanke fester Bestandteil des unbewussten Denkprozesses. Es entstehen neuronale Strukturen bei denen Gehirnaktivitäten mit Bewusstseinsprozessen synchron ablaufen, bis sie sich schließlich miteinander verbinden.

Mit Entspannungsübungen und oder selbstinduzierter Hypnose kann eine Autosuggestion schneller ins Unterbewusstsein eingepflanzt werden. Neurone, die untereinander beziehungsweise miteinander kommunizieren, produzieren elektrische Schwingungen. Elektrische Aktivität im Gehirn wird allgemein in den Frequenzbändern Delta, Theta, Alpha, Beta und Gamma zwischen 1 - 70 Hertz eines Elektroenzephalogramms (EEG) dargestellt. Die Frequenzbänder beschreiben auch den Gemütszustand eines Menschen.

Während des Zustands Schlaf produzieren Neurone Schwingungen zwischen 0,5 und 4 Hz. Dieses Frequenzband wird als Delta bezeichnet. Selbstheilungskräfte sind in diesem Zustand am aktivsten. Das Bewusstsein ruht ebenfalls und ein Prozess der Informationsverarbeitung auf unterer Ebene findet statt. Der Körper regeneriert und versucht den Gesamtzustand gemäß den individuellen Mustern wieder herzustellen. Ob diese Muster destruktiv sind, steht erst einmal im Hintergrund. Denn das System arbeitet auf der Basis von Informationen, die auf Denkmodellen beruhen. Das Geheimnis der erfolgreichen Regeneration eines anomalen Geistes und/oder Körpers liegt in der Harmonisierung schädlicher Dynamiken und Informationen. Es gibt mehrere Optionen Blockaden und Störungen der Lebensenergie aufzuheben. Neben der klassischen Psychotherapie existieren weitere effektive Interventionstechniken wie die Hypnose, Gehirnfrequenz Modulationen durch technische Hilfsmittel sowie das Neuro-Linguistische Programmieren. Letzteres zeigt einmal mehr deutlich, wie Wahrnehmung sowie Informationsverarbeitung durch Sprache und Gedanken geformt und auch wieder umgeformt werden kann.

Je nach Gemütslage produziert das Gehirn unterschiedlich starke Gehirnwellen. Unter Hypnose erzeugt das Gehirn zwischen vier bis sieben Hertz. Im Gegensatz dazu der entspannte Wachzustand zwischen acht und zwölf Hertz. Was hieran deutlich wird, ist, dass bei niedriger Hirnaktivität, nur solche neuronale Korrelate aktiviert sind, die einen Zugang zum Unterbewusstsein darstellen.

Nun ist es darüber hinaus noch möglich eine konkrete Gehirnaktivität zu verstärken, damit Autosuggestionen noch tiefer ins Unterbewusstsein drängen können. Schon die bloße Andeutung unterschiedlicher Personalpronomen bewirkt, dass die Areale die das Körpergefühl generieren stärker angeregt werden. Hier gibt es auch Unterschiede zwischen „Du“ und „Ich“. Es stellt einen Unterschied dar, ob man zu sich selber sagt: „Du wirst den Sprung schaffen“, oder, „Ich schaffe den Sprung“. Bei der Verwendung des persönlichen Fürwortes „Ich“ reagiert das entsprechende Gehirnareal wirksamer.

Spontanheilungen sind deshalb nichts Ungewöhnliches in dem Sinne, als dass sie einem Mechanismus unterliegen, dessen Steuerungszentrale das Denken ist. Wie schnell sich nun eine Erkrankung manifestiert oder eine Heilung eintritt, hängt von der mentalen Stärke des Individuums ab. Labile Menschen erkranken häufiger und schneller als Menschen mit gefestigter Persönlichkeitsstruktur. In ein und derselben Sekunde bildet der Körper Millionen neuer Zellen und baut die gleiche Zahl an anderer Stelle ab. Dieses Wunderwerk arbeitet nach einem ganz bestimmten System und es ist durchaus möglich in dieses System einzugreifen, um Veränderungen vorzunehmen.

Die Summe aus allen Prozessen, die die Welt erfassen und mit denen wir sie, als solche repräsentieren, basieren auf Gedanken. Aufgrund von Milliarden Neuronen, die sich zu neuronalen Netzwerken verbunden haben und auf fantastische Weise unterschiedlich feuern, ist die Wahrnehmung von Realität möglich. Gemäß den quantenphysikalischen Gesetzen nehmen Ereignisse ihren Lauf, wenn sie das Bewusstsein erfasst.

Einfluss auf Materie und Energie

> ***Alle Elementarteilchen sind aus derselben Substanz, aus demselben Stoff gemacht, den wir nun Energie oder universelle Materie nennen können; sie sind nur verschiedene Formen, in denen Materie erscheint. Prof. Werner Heisenberg, Physiker und Philosoph, Nobelpreisträger der Physik***

Es wurde bereits erwähnt, dass alles sowohl Teilchen- als auch Welleneigenschaften haben kann. Somit hat auch das Bewusstsein, dass durch Denken erzeugt wird, Wellencharakter. Ähnlich wie die Wellen der Möglichkeiten von Quanten in Schrödingers Gedankenexperiment, existieren auch Gedankenwellen. Gedankenwellen sind nicht konzentrisch, sie dehnen sich ebenfalls über den Raum aus. Sobald man sich also mit einer bestimmten Situation gedanklich auseinandersetzt, nimmt man schon darauf Einfluss. Und weil alles miteinander verbunden ist, wie es die Quantenlehre beschreibt, entsteht eine Kettenreaktion, die sich auf das Kollektiv auswirkt, das aus verschiedenen Parametern besteht. Ein

Problem der Meinungsverschiedenheit besteht aus einem System von verschiedenen Paramatern, bei dem zwei oder mehrere Personen wechselseitig auf den Diskussionsgegenstand einwirken. Während dieses Prozesses ändern sich die Parameter ständig. Jetzt gibt es einmal die Möglichkeit munter in die Diskussion mit besseren Argumenten einzusteigen oder ein Interferenzmuster in Form einer Supervision[12] zu erzeugen. Indem man sich einfach vorstellt, wie das Ergebnis der Diskussion aussieht und dieses Ergebnis in allen Sinneskanälen repräsentiert, das bedeutet sich vorstellt, wie man sich fühlt, was man hört, riecht usw. schafft man eine mögliche Realität. Je stärker man die Vorstellung über das Resultat der Diskussion repräsentiert, umso wahrscheinlicher wird die Möglichkeit, dass die imaginäre Version zur Realität wird.

Gemäß den Gesetzen der Quantenphysik entsteht bei einer Supervision eine Rückkopplung, die sich auf die Paramater des Kollektivs auswirken und neue Parameter einbringen oder vorhandene Parameter ändern. Mal banal ausgedrückt, könnte sich der Diskussionsgegner selbst mit einem freudschen Versprecher als unglaubwürdig erweisen oder auf eine andere Weise disqualifizieren.

[12] Nicht die Supervision gemeint, die sich mit der Beratung eines Arbeitsteams, einer Organisation zur Erhöhung der Effektivität beschäftigt.

Je länger und je stärker der supervisierte Zustand, die Zielvorstellung, repräsentiert wird, umso stärker und dauerhafter wirkt er auf das Kollektiv.

Die Gegenwart schreitet dann so voran, damit die erschaffene Zukunft eintreten kann.[13] Anders verhält es sich, wenn man den Faktor identifizieren müsste, der den Anstoß gibt, die Zukunft den eigenen Vorstellungen entsprechend real werden zu lassen. Wenn man weiß, welcher entscheidende Faktor bestimmt, wie in dem hier angeführten Beispiel die Diskussion endet, dann würde eine Supervision sekundären Charakter erhalten.

Wir werden bei der Selbstheilung sehen, dass in einem geschlossenen System, bestehend aus einem Körper und Geist, es sinnvoll erscheint, wenn so viele Informationen über die Erkrankung und Krankheit vorliegen, wie nur möglich. Schließlich besitzt der Stigmatisierte eine Fähigkeit die Atome seiner Zellen umzucodieren damit sie seiner Zielvorstellung, nämlich die Wundmale Christi darzustellen, entsprechen. Hierzu bedarf es einer sehr starken Fantasie, die dann auch offensichtlich vorhanden ist. Es kann nicht von der Hand gewiesen werden, dass es möglich ist,

[13] Zum besseren Verständnis werden hier die Ausdrücke Zukunft und Gegenwart verwendet. Das Gehirn verarbeitet jedoch Reize und andere Informationen aus der Umwelt, indem es sie hintereinander reiht. Dadurch der Eindruck von Zeit entsteht.

Atome und Zellen seines Körpers durch exzessive Prozesse zur Metamorphose zu bringen.

Es sei noch einmal der Hinweis darauf gestattet, dass alles sowohl Wellen- als auch Teilcheneigenschaften haben kann. Das wir die Welt so sehen wie sie sich uns darstellt, liegt an der Apparatur die sie erfasst. Mit Apparatur sind die menschlichen Sinnesorgane gemeint. Das Auge kann nur sehen solange Gegenstände Licht reflektieren. Ein dunkler Raum kann voller Gegenstände sein aber wir können sie nicht sehen wenn es kein Licht gibt das an ihnen abprallt und unseren Sehnerv reizt. Wenn wir nicht wissen würden, dass es in diesem dunklen Raum Gegenstände gibt, bedeutet das, dass es dort keine gibt, weil wir sie nicht sehen können?

Eine Fledermaus braucht kein Licht um die Welt sichtbar zu machen. Sie sendet Schallwellen die von Gegenständen wieder abprallen und ihr so ein Bild von der Umwelt verschaffen. Die Fledermaus wäre dann aufgeschmissen, wenn sich die Objekte schneller als der Schall bewegen würden. Dann würde sie nichts sehen. Bedeutet das, dass die Gegenstände auch dann nicht existieren? Ein Kampfjet zum Beispiel der schneller als der Schall fliegt. Der Mensch verfügt über kein Sinnesorgan, dass ihn elektromagnetische Strahlung erkennen lässt. Sie ist aber dennoch da. Und würde man sie sichtbar machen, würde man die Hand vor Augen nicht mehr sehen. Weil sie so zahlreich allgegenwärtig ist.

Epilepsiehunde sind in der Lage die elektrische Aktivität im Gehirn ihrer Herrchen wahrzunehmen, bevor der Epileptische Anfall eintritt. Einige Forscher sind davon überzeugt, dass aufgrund der synchronen Entladung von Neuronengruppen im Gehirn bei einem epileptischen Anfall, auch Stoffwechselaktivitäten erfolgen und der Hund bestimmte Gerüche wahrnimmt und deshalb reagiert.

Gar keine Frage, epileptische Anfälle haben Auswirkungen auf das vegetative Nervensystem und die damit verbundenen Körperreaktionen sind im Schweiß und anderen Ausdünstungen durch den Hund wahrnehmbar. Neuesten Studien jedoch zufolge ist es aber doch die Fähigkeit des Hundes, die Hyperaktivität der Neurone im menschlichen Gehirn bei Epilepsie wahrzunehmen. Gehirnströme können in der Tat durch neuartige Messmethoden gemessen werden ohne dass dabei, wie beim herkömmlichen EEG, das Messgerät mit dem Schädel verbunden sein muss. Das lässt den Schluss zu, dass das Gehirn durchaus Strahlungen freisetzt und Gehirnaktivitäten über den Raum hinaus in Form von Strahlung wahrnehmbar sind.

Wer viel Zeit an einem Computer verbringt, hat es sicherlich schon einmal erlebt, dass der PC immer dann hängen bleibt, wenn man unter Stress eine Arbeit zum Abschluss bringen muss. Stress ist ein emotionaler Zustand, bei dem auch die Gehirnaktivität und damit das Gehirnwellenmuster erkennbar messbar ist. Nun ist es so, dass die Gedankenwellen mit dem Prozessor und weiteren Komponenten eines Computers Interferenzfelder bilden, die den Computer in seiner Rechenleistung beeinträchtigen.

Oft belächelt und als paranormal klassifiziert wurde dieses Phänomen, bis das die Nachricht der Geheimdienste über neuartige Spionagegeräte genau diesen Vorgang bestätigte. Geheimdienste verfügen tatsächlich über Gerätschaften, die es ermöglichen, Rechenprozesse eines Computers aus einer Entfernung von bis zu drei Metern auszulesen. Zu betonen ist, dass hier keine Transponder[14] gemeint sind. Auch die neue Generation von E-Pässen kann per Funk ausgelesen werden. Tastaturschläge können sogar über eine Entfernung von 20 Metern interpretiert werden, auch wenn die Tastatur mittels Kabel mit dem Computer verbunden ist. All das ist nicht zu verwechseln mit den elektromagnetischen Frequenzen eines CPU´s[15].

---

[14] Spezielles Gerät, das Funksignale empfängt u. automatisch beantwortet.

[15] CPU <Abk. für engl. central processing unit »Zentraleinheit eines (Mikro)prozessors«> (EDV): zentrale Rechen- u. Steuereinheit eines Computers Duden - Das Fremdwörterbuch, 10. Aufl. Mannheim 2010

„Die magnetische Energie ist die elementare Energie, von der das gesamte Leben des Organismus abhängt." Prof. Werner Heisenberg

Das menschliche Gehirn sendet und empfängt elektromagnetische Frequenzen. Jeder kann sich die Frage stellen, wie lange es dauert, bis auch diese Frequenzen bewusst manipuliert werden können, selbst beantworten. In der Tat ist es aber so, dass schon eine Manipulation stattfindet. Nämlich die über den Elektrosmog.

Elektrosmog

Elektrische und magnetische Felder wie auch elektromagnetische Wellen treten als Wechselfelder durch elektrische Geräte und Stromleitungen auf. Natürliche Schwingungen beziehungsweise die biochemische Elektrizität und Signalübertragung in unserem Organismus wird durch solchen Elektrosmog gestört. Die Folge sind schwere gesundheitliche Schäden. Es ist dabei unerheblich ob es sich um niederfrequente oder hochfrequente Wechselfelder handelt. Ob Haushaltsgeräte, die elektrischen Leitungen in der Wand, Sendemaste für den Rundfunk oder aber auch Mobiltelefone erzeugen elektrische und oder magnetische Wechselfelder.

Die folgenden Abbildungen zeigen Rattengehirne in der Stalford Studie.

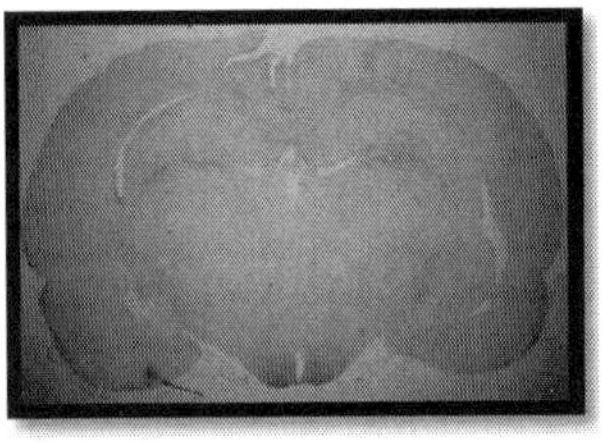

Abb. 7 - Rattenhirn unbestrahlt

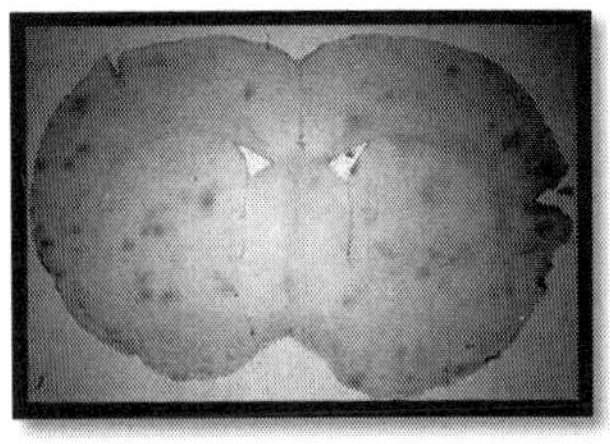

Abb. 8 - Rattenhirn mit GSM Strahlung nach 2 Std.

Sehr deutlich sind die erkrankten Areale zu erkennen, die aufgrund einer zweistündigen Bestrahlung mit einer Strahlungsstärke wie sie im internationalen Standard für digitale Funknetze benutzt werden. Eben jener Strahlungsstärke die es uns ermöglicht mit dem Handy zu telefonieren.

Auch wenn man sämtliche Geräte aus der eigenen Umgebung verbannt, ist das Problem immer noch nicht aus der Welt geschafft. Die Geräte der Nachbarn und Sendeanlagen auf den Dächern sowie Strommaste bergen immer noch eine gesundheitsschädliche Gefahr. Studien belegen einen statistischen Zusammenhang von magnetischen Feldern und Leukämie bei Kindern.

Elektrosmog wirkt also auf die zellulare Struktur des menschlichen Körpers.

Diese Erkenntnis bestätigt gleichzeitig die gesundheitsfördernde Wirkung von Magnetfeldern, mit Frequenzen, die dem natürlichen Spektrum des Organismus entsprechen.

„Sobald wir in der Lage sind, unsere physiologischen Prozesse bewusst zu steuern, werden wir in eine Generation von ≫Supermenschen≪ eintreten."

Gedanken wirken auf die Realität

Das Gehirn ist bis zu diesem Augenblick alles andere als ein Spiegel. Viel eher könnte man es auf dieser Stufe der Entwicklung mit einer Hypothese über die Welt vergleichen, mit einem fleischgewordenen Entwurf der ein Lebewesen umgebenden Wirklichkeit. Hoimar von Ditfurth

Über die Ranvier-Schnürringe erfolgt die Zellkommunikation durch Resonanz über wellenlängenspezifische Informationen. Hierbei handelt es sich um ein Dielektrikum, das heißt, um einen luftleeren Raum oder isolierende Substanz, in der ein elektrisches Feld ohne Ladungszufuhr erhalten bleibt. Das besondere an elektromagnetischen Wellen ist, dass sie sich vor allem im Vakuum fortpflanzen und mit Lichtgeschwindigkeit bewegen. Zellen des lebenden Organismus verfügen über Schwingungscharakteristika die Informationen über Architektur, Aufgabe und Vitalität der Zelle enthalten. Der organismische Informationsaustausch findet auf der Ebene von Resonanzphänomenen statt, wobei das Zellgewebe aktiv einen Synchronisationsprozess effektuiert.

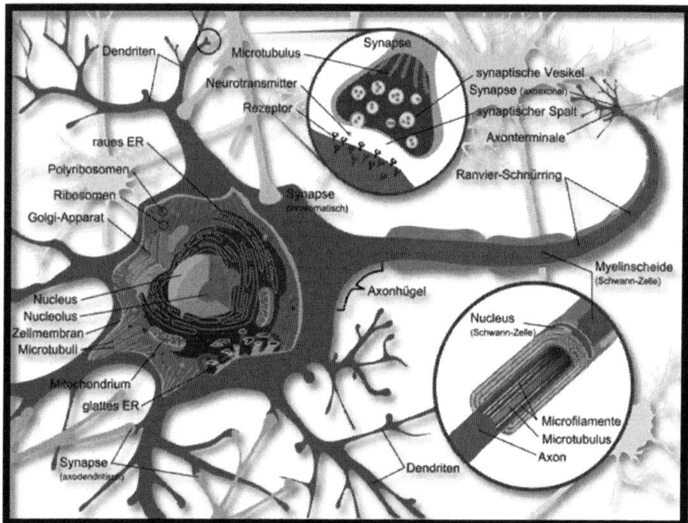

Abb. 9 - Nervenzelle

Faktisch kommunizieren die Zellen über Lichtquanten, den Biophotonen innerhalb eines elektromagnetischen Systems. Sämtliche Vorgänge erzeugen somit Felder, die als Informationseinheiten fungieren. Diese Felder breiten sich als sogenannte Torsionswellen mit Lichtgeschwindigkeit aus, wobei die einzelnen Teilchen aufgrund ihrer Verschränkung gegenseitig über ihren Zustand informiert sind. Diese Wellen, ausgelöst durch mentale Prozesse, speichern die spezifischen Informationen im Quantenvakuum. Die auf Seite 69 erwähnte Supervision funktioniert deshalb, weil das Quantenvakuum, das einen höher dimensionierten Raum darstellt, die Funktion eines Informationsspeichers hat. Informationen gehen in den Speicher und kommen auch wieder heraus. Bei der Informationsverarbeitung entstehen Wirkungsquanten, die Einfluss und Auswirkungen auf die Realität haben. Je intensiver also ein Gedanke konstruiert wird, umso größer wird die Informationseinheit und damit die Informationsverarbeitung im Quantenvakuum. Dies ermöglicht auch eine Kommunikation über weite Strecken, wie es die Telepathie beschreibt. Weite Strecke ist ein Begriff, den man im wissenschaftlichen Sinn relativieren muss. Wir empfinden Entfernungen und Zeit, weil wir primitive Transportarten verwenden, um Strecken zu bewältigen.

Würden wir uns mit Lichtgeschwindigkeit durch Raum und Zeit bewegen wäre die Entfernung zwischen Nord- und Südpol ein Katzensprung. Es erfordert daher eine Betrachtung der Gedankenenergie und Verarbeitung von Informationen unter anderen Gesichtspunkten. Wir müssen weg vom Schubladendenken. Das alles funktioniert nicht, weil es eine Kiste gibt, in die alle etwas hineinstellen und dann verändert wieder herausnehmen. Wir selbst sind auch in der Kiste und verändern uns unaufhörlich. Wir sind Teil des Ganzen und als solches dann auch in der Lage auf alles einzuwirken.

Stellt man sich die Erde, die Sonnensysteme, ja das gesamte Universum und all das was darüber hinaus noch existiert als einen komprimierten Würfel vor, der die Größe eines Tischtennisballs hat, bekommt man in etwa die Vorstellung darüber, das nur unsere Art zu denken und die Weise wie wir Dinge beschreiben vieles verkompliziert. Zwei oder mehrere Personen können telepathisch miteinander kommunizieren, wenn sie die gleichen Paramater verwenden. Je mehr sich die Paramater gleichen umso stärker und klarer wird die Kommunikation. Die Methode Informationsaustausch mithilfe der Telepathie ist keine neue Entdeckung. Russische Geheimdienste haben dieses parapsychologische Phänomen im Kalten Krieg zur Perfektion gebracht. Das es also funktioniert ist klar, nur das wie, stellte ein großes Fragezeichen dar. Es sind die Informationen eines Quantenfeldes welches durch eine bewusste Gedankenaktivität angesteuert und damit betreten werden kann. Um ein unbewusstes Betreten eines Quantenfeldes handelt es sich dann, wenn durch einen Gedankenimpuls, auch als Vorahnung bekannt, eine bestimmte Reaktion folgt.

Sobald man also in irgendeiner Weise in Beziehung zu einem Quantenfeld tritt, empfängt man Informationen daraus und gibt zwangsläufig auch Informationen hinein. Es handelt sich dabei nicht um ein geschlossenes System, wie beispielsweise bei einem Intranet, sondern um ein Korrelat das aufgrund seines mit allem vernetzten Wesens eine ständige Kettenreaktion auslöst. Wie bei Dominosteinen die man hintereinanderstellt. Stößt man eines an, fallen alle anderen ebenfalls um. Nur nicht linear sondern komplex.

Ähnlich wie beim „butterfly effect“. Ein einziger Flügelschlag eines Schmetterlings am anderen Ende der Welt kann das Wetter auf dem ganzen Planeten bestimmen. Sämtliche Informationen eines Quantenfeldes sind Variablen mit Wirkung auf das gesamte System. Jedweder Kontakt mit dem Quantenfeld bewirkt eine Veränderung einer und damit mehrerer Variablen und Parametern. Je intensiver der Bezug zum Quantenfeld ist, desto stärker wirkt man auf das Feld und seiner Subfelder ein. Es entstehen Energiezentren die als Schaltstellen für die Aufnahme und Abgabe von Gedanken und Informationen, bewusster oder unbewusster Natur, dienen.

Auf der Ebene des Quantenfeldes befindet sich ein Fragment, ein unvollständiger Teil einer Realität in Form von Teilchen beziehungsweise Wellen. Solange sich der Bereich als Welle darstellt, befindet er sich in permanenter Veränderung. Daher ist es möglich, mit dem Bewusstsein auf diesen Bereich einzuwirken und eine Modifikation gemäß eigener Wunschvorstellungen vorzunehmen. Die Veränderung der Realität findet statt, indem sie vom Bewusstsein erfasst wird, dadurch Wellencharakter erhält und somit transformierbar ist. Ein bestimmter Zustand in der Realität, ein Quantenfeld, kann so zum Kollabieren gebracht werden, sodass sich der Zustand in der Realität verändert oder gar ganz verschwindet.

Somatopsychologie und Psychosomatik

Die chronischen Krankheiten der Seele entstehen wie die des Leibes, sehr selten nur durch einmalige grobe Vergehungen gegen die Vernunft von Leib und Seele, sondern gewöhnlich durch zahllose unbemerkte kleine Nachlässigkeiten. Friedrich Nietzsche

Bei Erkrankungen des Körpers oder des Geistes spielen in erster Linie die eigenen Gedankenkonstrukte eine wesentliche Rolle. Selbstverständlich gilt dies nicht, bei Vergiftungen und genetischen Defekten. Gefühle entstehen durch Denken. Gedanken sind demnach ursächlich für körperliche und seelische Funktionsstörungen. In umgekehrter Weise können jedoch anatomische Erkrankungen, die aufgrund von Vergiftung oder genetischen Defekten fehlfunktionieren, auf Prozesse der Erkenntnis- und Informationsverarbeitung wie Wahrnehmung, Lernen, Gedächtnisinhalte abrufen und verarbeiten, einwirken.

Wiederum mit der Auswirkung auf emotionale Verarbeitungsprozesse, die ja durch Denken und Gedanken bestimmt sind. Wenn man so will, handelt es sich um einen Teufelskreis. Aber genau deshalb, weil alles miteinander verbunden ist, kann es funktionieren und sich auch wechselseitig beeinflussen. Um Missverständnisse auszuschließen, kommt oft der Einwand, wie man denn eine Virusinfektion oder eine banale Erkältung einstuft, unter Berücksichtigung der zu Anfang erwähnten Klassifikation von Faktoren, die zu einer Erkrankung führen. (Seite 12)

Hier die Antwort. Sowohl Infektionen als auch banale Erkältungen zählen zu den Toxischen Kräften. Zwar produziert der menschliche Organismus bei einem Infekt unverzüglich Antikörper, wenn der Organismus aber durch eine andere Vorerkrankung bereits geschwächt ist, fehlt ihm womöglich die Reserve, um auch den Infekt zu bekämpfen. Selbst übermäßige oder gar gesundheitsschädliche Nahrungszufuhr, wie zum Beispiel Fast Food, kann zu den Toxischen Kräften zählen. Hier kommt wieder der Ausspruch von Paracelsus[16] zum tragen.

„Allein die Dosis macht das Gift." Paracelsus

---

[16] Paracelsus: Naturforscher, Arzt u. Philosoph des 16. Jahrhunderts)

Abwehrmechanismen können aber auch ohne Vorerkrankung geschwächt sein. Nämlich bei einem Mangel an Lebensenergie. Ältere Menschen, Personen mit wenig oder gar keinen sozialen Kontakten erkranken schneller und häufiger. Auch der Krankheitsverlauf ist bei diesem Personenkreis schleppender und intensiver. Schon an diesem sehr geringfügigen Beispiel ist zu erkennen, dass Lebensenergie auch von unsichtbaren Faktoren abhängig ist. Aber auch hier ist es wiederum der psychische Faktor unserer Kategorisierung von Kräften, die auf die Gesundheit einwirken, von Bedeutung.

Bei Schürfwunden beispielsweise beginnt ein enorm intelligentes System mit der Arbeit, die verletzte Stelle wieder herzurichten. Alles wird genauso sein wie vorher. Man muss sich dieses Wunder einmal vor Augen halten. Rezeptoren registrieren eine Verletzung und es kommt ein Prozess in Gang, der nach einem bestimmten Bauplan funktioniert. Jede Zelle weiß genau an welcher Stelle sie sich, wie zu regenerieren hat. Wie schon erwähnt, kann aber die Art und Weise der Selbstheilung beeinträchtigt sein. Die Wundheilung verläuft schnell oder langsam, je nach Konstitution.

Es kann also somit festgehalten werden, dass Körperfunktionen zum einen, durch eine Vielzahl von Faktoren beeinträchtigt sein können und zum anderen, ein System besteht, dessen Leistungsfähigkeit von der Lebensenergie abhängt. Virusinfiziertes Gewebe wie etwa bei Warzen ist je nach Zustand des Immunsystems ohne Medikamente heilbar.

Krankheiten entstehen, wenn positiver oder negativer Stress kein Ventil findet, die physische oder psychische Belastung weiterhin besteht und dadurch die Gesundheit schädigt. Als Stress ist hier all das gemeint, was dazu dient, bestimmte Reaktionen der Psyche und des Körpers hervorzurufen. Unter Stress wird allgemein Hektik verstanden. Stress kann aber auch die Verarbeitung einer durchschnittlichen Erkältung sein. Berufsstress kann generell durch sportliche Betätigung sehr gut neutralisiert werden. Sämtliche Hormone die dafür gedacht waren den Körper zu Höchstleistungen zu bringen müssen auch wieder abgebaut werden. Geschieht das nicht und der Stress wiederholt sich oder hält gar an, schädigt das den Körper und es kommt zu dem zuvor genannten Teufelskreis. Ist der Körper krank, hat das Auswirkungen auf die Psyche. Ist die Psyche krank, wirkt sich das auf den Organismus aus. Findet der Stress keinen Kanal und kann sich dadurch nicht neutralisieren, sucht er sich eine Schwachstelle im System des Individuums um sich dort zu entladen. Ob Ekzeme, Magengeschwüre, Muskelneurosen oder eine von vielen anderen Beschwerden sind in den meisten Fällen die Konsequenz von nicht abgebautem Stress. Je nach Disposition äußert sich die Krankheit in einer Organ- respektive Muskelerkrankung. Aber auch Hysterie oder auch andere Konversionsphänomene treten nicht minder selten auf. Wie gesagt spielt die individuelle Konstitution des Menschen eine wesentliche Rolle.

10.000.000.000.000.000.000.000.000.000.000.000.000.000

So viele Prozesse laufen gleichzeitig in einem menschlichen Körper ab. Eine für den eigenen Verstand schier unvorstellbare Leistung. Wenn man sich diese Zahl der Prozesse einmal vor Augen hält und die Frage stellt, welches Regelwerk kann in der Lage sein, hier noch den Überblick zu behalten, kann die Antwort nur die eine sein. Es sind quantenphysikalische Prozesse im zentralen und autonomen Nervensystem sowie im Endokrinen- als auch dem Immunsystem.

Alle Systeme sind miteinander verbunden und bilden dadurch eine Einheit. Daraus ergibt sich der Effekt, wenn sich der psychische Zustand verändert, das zwangsläufig Auswirkungen auf Organe und Muskel hat. Genauso verhält es sich andersherum. Eine Fehlfunktion eines oder mehrerer Organe oder sogar Muskel hat zur Folge, dass sich die psychische Verfassung eines Menschen ändert. Im Grunde genommen existiert in jedem von uns ein Selbstheilungsprogramm, das dann abläuft, wenn schädliche Kräfte auf den Menschen einwirken.

Dabei kann es sich um den bereits erwähnten Stress handeln, die Schürfwunde oder seelischer Schmerz, wie er bei Verlust einer nahestehenden Person entsteht. Solange das seelische Gleichgewicht in Takt ist, kann der Stress verarbeitet werden, der Heilungsprozess der Schürfwunde wird schnell und unkompliziert vonstattengehen. Der erwähnte seelische Schmerz nach einer Trauerzeit verschwindet. Ist das seelische Gleichgewicht allerdings gestört, wenn beispielsweise die Trauer über den Verlust der nahestehenden Person anhält, geriet die seelische Verfassung aus dem Gleichgewicht.

Selbstheilungskräfte ermüden und solche Zellen, die von einem bestimmten Hirnareal gesteuert werden, in dem auch die Verarbeitung seelischer Prozesse als auch die Steuerung bestimmter Organe und Muskel erfolgt, beginnen zu mutieren. Diese Information darf selbstverständlich nicht eins zu ein ausgelegt werden, denn wie zuvor schon gesagt laufen nonstop circa 10^{40} Prozesse im Körper gleichzeitig ab. Man kann zwar schematisch darstellen, dass sich eine bestimmte psychische Störung in einer bestimmten organischen Erkrankung entlädt, je nach Erlebnis aber anders empfunden werden kann. Je nachdem wie ein Erlebnis empfunden wird, ist auch ein entsprechendes Hirnareal mit entsprechender Funktionssteuerung beteiligt.

Das periphere Nervensystem setzt sich aus somatischem, sympathischen und parasympathischen Nervensystem zusammen. Während das sympathische Nervensystem Körperfunktionen aktiviert, sorgt das parasympathische Nervensystem für eine Harmonisierung der Vorgänge im Organismus. Es kann also durchaus vorkommen, dass Organe während einer bestimmten psychischen Verfassung bei einer Person Zellen abbauen, bei einer anderen Person mit der gleichen psychischen Verfassung, die gleichen Organe Zellen aufbauen und einen Tumor hervorrufen. Was hier also von Belang ist, ist die Tatsache einer unterschiedlichen Wahrnehmung der Umwelt und die Verarbeitung seelischer Vorgänge.

Im Grunde genommen regelt das menschliche Abwehrsystem, die vielen Attacken schädigender Einflüssc die, Tag für Tag, auf uns einwirken völlig automatisch, ohne dass wir davon Notiz nehmen. Ständig werden Maßnahmen ergriffen, um ein seelisches Gleichgewicht zu halten und Krankheitserreger abzutöten. Erst wenn die emotionale Stabilität geschwächt ist, erhalten wir in Form von Krankheit das Signal, das wir durch unsere Handlung das Abwehrsystem überfordern. Wie stark das Abwehrsystem ist, hängt jedoch davon ab, wie sehr es bereits belastet ist. Was also passieren muss, ist, die Wiederherstellung des seelischen Gleichgewichts einzuleiten. Es muss ein aktiver und bewusster Prozess in Gang kommen, der den Zustand des eigenen Ichs analysiert, um herauszufinden, welche Faktoren ursächlich für eine Destabilisierung verantwortlich sind. Als zweiten Schritt besteht die Notwendigkeit zum einen darin, diese Störfaktoren zu eliminieren beziehungsweise zu neutralisieren oder mithilfe diverser Interventionsmöglichkeiten, den Umgang mit verschiedenen Störfaktoren so zu erlernen, dass sie keine schädigende Wirkung mehr ausüben. Weiterhin ist es unverzichtbar, etwa durch mentales Training, sich selbst gegen schädliche Einflüsse zu immunisieren.

Indem wir also das Abwehrsystem stärken, machen wir es auch gleichzeitig belastbarer. Das Abwehrsystem ist nicht nur das Immunsystem, sondern beinhaltet auch Reparaturmechanismen um ein seelisches Gleichgewicht zu halten. Wir erinnern uns, dass auch organische Erkrankungen ohne das die Psyche beteiligt war, dennoch auf die Psyche einwirken. Etwa durch einen schweren Verkehrsunfall mit weitreichenden Folgen für die Gesundheit.

Was macht der Durchschnittsmensch, wenn er krank ist? Richtig, er geht zum Arzt mit dem Auftrag, vom Arzt geheilt zu werden. Dank der heutigen Technik ist in den meisten Fällen mit einer Diagnose zu rechnen. Man kann also herausfinden, woran eine Person erkrankt ist. Unter Einbeziehung der Psychosomatik und Somatopsychologie sogar Antwort auf die Frage: „Warum?“ Dennoch verlangt der Patient vom Arzt behandelt zu werden und erwartet auch vom Arzt eine Heilung. Jemand anderes soll die

Heilung einleiten! Ob Medikamente oder Massagen, jemand oder etwas soll die eigene Gesundheit wiederherstellen.

„Hinter jedem Symptom steht ein Konflikt."

In diesen Fällen erfolgt meist nur eine Symptombehandlung, sodass die Frage nach dem, warum man erkrankt ist, völlig unbeantwortet bleibt. Es liegt auf der Hand, wenn der Patient mehr in seinen Genesungsprozess eingebunden und angeleitet ist, generell weniger Arztbesuche erforderlich sind. Es soll hier nicht der Eindruck entstehen, die Schulmedizin sei überflüssig. Im Gegenteil, sie ist geradezu überaus hilfreich. Die Diagnosemethoden der Schulmedizin helfen sehr schnell herauszufinden, welche Fehlfunktionen im Körper vorliegen. Medikamente helfen dann, die Fehlfunktionen zu regulieren und in den Normalzustand zurückzubringen. Selbst wenn nur eine Symptombehandlung erfolgt, erhält der Abwehrmechanismus die Potenzialität sich zu regenerieren und kann dann nach erfolgter Therapie, auch unter Berücksichtigung der Psychosomatik und Somatopsychologie, eine Anfälligkeit reduzieren. Ein regelmäßiger Check-up durch Reflexion gibt Aufschluss über mögliche Aggressoren.

Wir wissen nunmehr, dass bestimmte Bewusstseinszustände Zugang zu den eigenen Ressourcen und Prozessen erlauben. Um allerdings die gewünschten Bewusstseinszustände hervorzurufen um dann Reprogrammierungen spezieller Körper- und/oder Geistfunktionen vorzunehmen, bedarf es einer Technik, die es uns erlaubt, das Gehirn zu manipulieren. Einerseits gibt es elektronische Hilfsmittel, wie beispielsweise Bio- oder Neurofeedback, Hard- und Software zur Gehirnfrequenzmodulation aber auch autarke Methoden wie Imagination, autogenes Training oder generell mentale Übungen, eignen sich sehr gut um Trancezustände hervorzurufen.

Die Veränderung des Bewusstseins stellt den ersten Schritt und damit die Einleitung einer Selbstheilung durch Quanteneffekte dar. Es versteht sich von selbst, dass es keine Methode gibt, die behauptet, einfach die Augen zu schließen und im nächsten Moment ist man geheilt. Vielmehr bedarf es intensiver Arbeit mit dem eigenen Ich und der Disziplin die einzelnen Schritte verschiedener Techniken zu befolgen. Mit der Zeit allerdings wird sich eine sicht- und spürbare Veränderung einstellen. Aus diesem Erfolg ziehen wir dann die neue Kraft, um uns selbst neu zu definieren.

QUANTUM RELEASE - Quantenheilung durch Quanteneffekt

Das Nervensystem ist eine Rechenmaschine, die fähig ist, externe Ereignisse zu modellieren oder zu parallelisieren. Wenn der Organismus ein "maßstäblich verkleinertes Modell" der externen Realität und seiner eigenen möglichen Handlungen im Kopf trägt, kann er verschiedene Alternativen ausprobieren, schließen, welches die beste ist, auf zukünftige Situationen reagieren, bevor sie auftreten, das Wissen vergangener Ereignisse nutzen, um mit zukünftigen fertig zu werden, und in jeder Hinsicht viel umfassender, sicherer und kompetenter auf unerwartete Ereignisse reagieren, denen er sich gegenübersieht.
(Kenneth Craik)

Nachdem feststeht, woran wir erkrankt sind und wir herausgefunden haben, wie es dazu kam, ist es ratsam, den ärztlichen Anweisungen Folge zu leisten. Selbstverständlich nur, wenn ein Arztbesuch erfolgt ist. Um dem geschwächten Abwehrsystem schnell und tatkräftig unter die Arme zu greifen, sollten die Mittel der Schulmedizin in Anspruch genommen werden. Wir gewinnen dadurch Zeit, um die schädlichen Faktoren die uns die Krankheit beschert haben ausfindig zu machen und wie zuvor erwähnt, sie zu eliminieren beziehungsweise zu neutralisieren und/oder uns selbst gegen sie zu immunisieren.

Die Grafik auf Seite 57 gibt in etwa die Ursache einer Erkrankung auf psychischer Ebene wieder. Sie dient der Orientierung und gibt ungefähr darüber Aufschluss, welche psychische Belastung das seelische Ungleichgewicht bewirkt. Es gilt nun, den ausgemachten Störfaktor zu beseitigen. Im nächsten Schritt müssen wir lernen mit gleichartigen Situationen die sich in der Zukunft ergeben umzugehen. Dies können wir mit der Imaginationstechnik, wie der schon beschriebenen Supervision, vornehmen. Wir müssen Strategien entwickeln, die uns eine andere Reaktion und Umgangsform mit schädlichen Einflussfaktoren ermöglicht.

Etwa indem wir uns ein Repertoire zulegen, dass mehrere Reaktionsmöglichkeiten enthält. Hierzu beantworten wir uns selbst die Frage, wie wir noch auf das Problem reagieren können, als wir es bisher bereits tun und, welche Interventionsmaßnahmen dann greifen sollen.

Dazu sollte ein regelrechtes imaginäres Rollenspiel visualisiert werden. Es muss ein Film vor dem inneren Auge ablaufen, der nicht nur Ton und Bild wiedergibt, sondern auch die Gerüche und den Geschmack sowie den Spürsinn und erst dadurch die Vorstellung wirklich erlebbar macht.

Die gesamte Vorstellung sollte so erlebt werden, als sei sie real. Erst nachdem sämtliche Szenen vor dem inneren Auge immer und immer wieder ausreichend wiederholt wurden und man auch das kleinste Detail mit allen Sinnen erlebt hat, kann man dazu übergehen, sich seiner Erkrankung zu widmen. Eine wichtige Regel ist die Krankheit und die Situation, in der man sich befindet, als solche zu akzeptieren. Sorgen und Ängste darüber, die Krankheit nie loszuwerden, bringt uns zurück zum Anfang, nämlich ein seelisches Ungleichgewicht herzustellen, weil Sorgen und Ängste ja schädliche Einflussfaktoren sind.

Vielmehr ist es sinnvoller die Krankheit anzunehmen und als Ventil zu akzeptieren, weil Stressoren unsere Psyche angreifen, die

Psyche mit der Verarbeitung überlastet ist und es zu der Erkrankung kam. Zum zweiten Schritt gehört auch, eine visualisierte Abfolge zu erstellen, eine Art Storyboard[17], in der haarklein zu sehen ist, wie sich die Krankheit zurückentwickelt und welche Gemütsveränderung gleichzeitig eintritt. Auch hierbei müssen die jeweiligen Situationen in allen Sinneskanälen repräsentiert sein. Die Supervision muss quasi mit allen Sinnen erlebbar ablaufen.

„Ich glaube, dass das Gehirn seine eigenen Konstruktionen und Bilder von der physischen Realität erschafft. Aber gleichzeitig erschafft es sie in einer solchen Art und Weise, dass sie mit dem in Resonanz stehen, was wirklich vorhanden ist. „

(Karl Pibram)

[17] Storyboard: Aus Einzelbildern bestehende Abfolge eines Films zur Erläuterung des Drehbuchs.

Grafik 10 - Storyboard

Wir haben nunmehr eine exakte Vorstellung darüber konstruiert, wie die Zukunft aussehen soll. Physikalisch ausgedrückt existiert jetzt ein Quantenfeld beziehungsweise ein Subfeld in das wir mittels der Quantum Release Technik (QRT) die gewünschten Quanteneffekte auslösen. Vorab die Anmerkung, dass es sehr nützlich ist, ein Quantum Release immer dann durchzuführen, wenn das betreffende Organ am aktivsten ist. Die folgende Tabelle zeigt, wann welches Organ zur Hochleistung kommt. Es versteht sich von selbst, dass hier nur eine enge Auswahl an Organen aufgeführt ist, nämlich solche, die für das Überleben an sich wichtig sind. Andere Organe wie die Haut sind beispielsweise stark stoffwechselabhängig, sodass hier die aktive Zeit des Stoffwechsels Berücksichtigung findet.

Uhrzeit	Organ	Aktivität
07:00 - 09:00	Magen	Zunahme der Aktivität
09:00 - 11:00	Milz/ Pankreas	Hohe Konzentration für geistige Arbeit
11:00 - 13:00	Herz	Gipfel der Aktivität
13:00 - 15:00	Dünndarm	Tageskrise Leistungstief: Stoffwechsel ist mit der Verdauung beschäftigt.
15:00 - 17:00	Blase	Wiederanstieg der Leistung. Blutdruck steigt.
17:00 - 19:00	Niere	Leistungsgipfel am Nachmittag
19:00 - 21:00	Kreislauf	Nachlassen der Aktivität, Blutdruck sinkt.
21:00 - 23:00	Hormone	Entspannung, Magen kommt zur Ruhe. Schlafengehen: Regeneration und Erholung vom Tag beginnt; Stoffwechsel sinkt auf ein Minimum.
23:00 - 01:00	Gallenblase	Tiefste Schlafphase im ersten Nachtdrittel, Leberentgiftung auf dem Höhepunkt.
01:00 - 03:00	Leber	Traumphase. Nachtkrise: Leistungs- und Reaktionsvermögen auf dem Tiefstand.
03:00 - 05:00	Lunge	Blutdruck steigt, Aufwachen wird vorbereitet.
05:00 - 07:00	Dickdarm	Stoffwechsel stellt sich auf den Tag ein, Verdauung setzt ein.

Tabelle 1 - Organaktivität

Durch eine ständige Wiederholung des zuvor erwähnten Films entstehen synaptische Verknüpfungen neuronaler Netzwerke. Verbales und visuelles Denken bewirken neben einer synaptischen Verbindung aber auch eine Genexpression, das heißt, es findet eine Ausprägung des Genotyps[18] statt. Was nichts anderes bedeutet, als dass Gedanken genetische Veränderungen vornehmen. Wenn Gedanken komplizierte materielle Strukturen unseres Gehirns verändern und genetische Mutation auslösen, ist das Bewusstsein auch in der Lage nicht nur die Zellen des menschlichen Organismus zu beeinflussen, sondern auch Materie zu verändern. Denn was ist die Bildung neuer neuronaler Netzwerke anderes, als eine biologische Synthese von Masse?

Gedanken sind materiell codierte Engramme[19].

Nachdem nun das bereits erwähnte Storyboard regelmäßig bearbeitet wurde und die einzelnen Szenen nunmehr ohne weitere Willensanstrengung als Bildfolge in allen Sinneskanälen repräsen-

---

[18] Genotyp auch Erbbild: Gesamtheit der Erbfaktoren eines Lebewesens.

[19] Engramm: im Zentralnervensystem hinterlassene Spur eines Reiz- oder Erlebniseindrucks, die dessen Reproduktion zu einem späteren Zeitpunkt möglich macht; Erinnerungsbild.

tiert werden können, gehen wir dazu über, Quanteneffekte auszulösen und die relevanten Szenen des Storyboards in die Realität zu transformieren.

Quanteneffekte auslösen

Hierzu ist es notwendig, die Gehirnwellen in einen Frequenzbereich größer als 40 Hz zu modulieren. Warum? Eine erhöhte Frequenz von Gammawellen steigert die mentale Aktivität, die mit einer leistungsfähigen Konzentration einhergeht. Ferner erfolgt eine Absenkung des Stoffwechsels. Atem und Herzschlag verlangsamen sich und lösen dadurch Regenerationsprozesse aus, was dazu führt, dass die Produktion von Stresshormonen wie Cortisol abgesenkt wird und der Körper stattdessen vermehrt Endorphine[20] ausschüttet.

Wissenschaftliche Langzeitstudien zeigen bei anhaltenden Gamma Werten eine Vergrößerung des Gehirns und was für die meisten Menschen sehr erfreulich klingt, der Alterungsprozess des Gehirns verlangsamt sich merklich. Wenn das Gehirn langsamer altert, altert der Organismus ebenfalls automatisch langsamer.

[20] Endorphin: körpereigener Eiweißstoff mit schmerzstillender Wirkung.

Gammawellen stellen einen Jungbrennen dar, wenn man so will. Das Quantum Release verbessert die Funktionsweise des Gehirns entscheidend, indem es seine Struktur verändert.

Ein Ausdünnen von Hirnarealen in der Großhirnrinde, die für das Erkennen und inneres Wahrnehmen zuständig sind, Emotionen verarbeiten und das Wohlgefühl steuern, wird nicht nur gestoppt, sondern es findet sogar eine Umkehrung statt. Eine für den alternden Menschen untypische Verdickung der Hirnareale bewirkt somit eine Steigerung von Gehirnleistungen mit positiven Auswirkungen auf das schon erwähnte periphere Nervensystem. Im Speziellen der Bereich, der die Regulierung aller Organe autonom vornimmt und damit losgelöst von unserem Willen sowie Bewusstsein ist. Ausgehend über zwei Nervenleitungen vom emotionalen Gehirn reguliert das vegetative Nervensystem sämtliche Organe des menschlichen Körpers. Es handelt sich hier also um einen Teil, auf den das Unterbewusstsein aber einen besonderen Einfluss ausübt.

Erwiesenermaßen sendet das limbisch-hypothalamische System Stresshormone aus, sobald destruktive Emotionen und gedankliche Vorgänge entstehen. Gleiten diese ins Unterbewusstsein ab, wirken Stressbotenstoffe dauerhaft auf den Körper ein und beeinträchtigen die Organfunktionen. Das limbische System fungiert hier als eine zentrale Schnittstelle zwischen Psyche und Physis.

Anders ausgedrückt hängt die physiologische Aktivität des Nerven-Hormon- und Immunsystems von der individuellen Stimmungslage beziehungsweise von der emotionalen Zensur und Integration von Indikatoren ab.

Solche Indikatoren können beispielsweise Selbstgespräche sein, positiver oder negativer Natur. Emotionale Begriffe wie „Blutbad“ oder „abartig“ lösen Stressreaktionen aus. Im Gegensatz dazu „Sonnenschein“ oder „heiraten“, die eine beruhigende Wirkung haben. Was hieraus deutlich zu erkennen ist, ist, dass Indikatoren Gedanken auslösen, die sich auf das vegetative Nervensystem auswirken.

Befindet sich das Gehirn im Gamma-Wellen-Bereich reagiert der Körper gelassener, weil eine emotionale Zensur und Integration von Indikatoren auf rationaler Ebene erfolgt. Es entsteht eine Kanalisierung von Körper, Geist und Seele mit dem Effekt der losgelösten Identifikation von Bewusstseinsinhalten wie Gedanken und Emotionen. Das bedeutet, dass die geschaffene Distanz einen kontrollierten Umgang mit Emotionen und den darauf folgenden Reflexen ermöglicht.

Man ist absoluter Herr seiner Emotionen und Reaktionen. Man steht praktisch als Beobachter zwischen diesen Elementen und betrachtet deren Funktionsweise aus einer anderen Perspektive mit klarem Verstand. Diese Perspektive ist nämlich ausschlaggebend für die Freisetzung von Ressourcen zur Bewältigung von Problemen oder belastendem Material. Hieraus ergibt sich eine Realdefinition der vorherrschenden Situation hinsichtlich ihres Nutzens, ihrer Bedeutung und des Ergebnisses. Aufgrund einer rationalen sowie rationellen Reflexion ergibt sich die Fähigkeit, individuelle Bewältigungsstrategien neu zu überdenken und gegebenenfalls anzupassen.

Die meisten Leute motivieren sich, indem sie sich vorstellen, wie schlecht sie sich fühlen werden, wenn sie etwas nicht tun, und dann gehen sie diesem schlechten Gefühl aus dem Weg. Richard Bandler

Es ist die marginale Identifikation mit den eigenen Gedanken, der regenerierte Zustand mit dem Fokus auf die Selbstregulierung und die Akzeptanz des eigenen Ichs, die Wohlbefinden, Selbstwertschätzung und Lebenszufriedenheit hervorrufen. In sämtlichen aktuellen Studien waren es Bewusstseinszustände mit Gammawellen die eine Zunahme an Lebensenergie belegten.

Gehirnmodulation

> ***Wenn das Gehirn ein Organ ist, dessen Aufgabe Reduktion ist, ist es nicht überraschend, dass Empfindungen, die auf physischer Ebene anscheinend unabhängig voneinander sind, auf höheren Ebenen des Geistes ihre Verwandtschaft offenbaren. Auf einem noch höheren Vorstellungsniveau würde sich zweifellos jene Einheit zeigen, die sich auf den unteren Ebenen zur Vielfalt der Sinne zerschlägt. Raynor Johnson***

Im Folgenden werden nun zwei Möglichkeiten beschrieben, wie man das Gehirn in einen Gamma Bereich moduliert.

Empfehlenswert ist es, wenn man die Methode ohne technisches Hilfsmittel beherrscht. Es besteht dann die Gelegenheit, durch bestimmte Ankertechniken, einen Stimulus zu installieren, um dann mit Leichtigkeit den gewünschten Zustand hervorzurufen.

Eine beständige und regelmäßige Durchführung der Sitzungen prägt das Hirnmuster sowie die Frequenz dauerhaft. Weitere Vorteile liegen zweifelsfrei in einer beschleunigten Synchronisation der Hirnbereiche, was eine enorme Flexibilität zugrunde legt. Um aber ohne große Anstrengung in den Gamma-Wellen-Bereich zu switchen, bedarf es der Übung und etwas Disziplin. Die Sitzungen müssen regelmäßig und zu festgelegten Zeiten erfolgen. Das setzt eine gut organisierte Tagesplanung voraus.

Vorbereitung für Quantum Release

Suchen Sie sich einen Platz an dem Sie sich wohlfühlen und entspannen können. Machen Sie es sich gemütlich und eliminieren Sie die potenziellen Störquellen wie Telefon oder Türglocke. Lassen Sie frische Luft in den Raum, in dem Sie die Sitzungen durchführen, und schließen Sie dann das Fenster wieder um mögliche störende Geräusche wie Straßenverkehr, Hundegebell, arbeitende Müllwaagen und ähnlichen Dauerlärm draußen zu lassen. Nach einigen Sitzungen werden Sie selbst merken, wie unangenehm es ist, wenn Sie gerade dabei sind, in hoch konzentrierter Weise Supervisionen vor Ihrem inneren Auge abzuspielen und ein LKW donnert an Ihrem geöffneten Fenster vorbei. Deshalb ist es auch ratsam, die Session vor der Bettruhe am späten Abend durchzuführen. Allerdings sollte man dann auf Alkohol und andere Rauschmittel verzichten, weil das die Sinne trübt sowie darüber hinaus auch noch toxisch auf den Körper wirkt.

Nachdem nun der Platz für die Session eingerichtet ist und Sie in bequemer Kleidung eine gemütliche Position eingenommen haben, verweilen Sie etwas und nehmen Sie die Gegenstände, von denen Sie umgeben sind, noch einmal bewusst wahr. Lassen Sie Ihre Augen die Konturen entlang gleiten. Bestimmen Sie die Farbe. Diese Vorgehensweise hat den Vorteil, Sie von den täglichen Gedanken abzulenken, aufgeschaukelte Emotionen abzuschwächen und Ihren Geist so für die Konzentration auf die Session zu fokussieren.

Menschen können dadurch aus einem emotionalen Zustand herausgerissen werden, indem Sie die Funktion einer der beiden Gehirnhälften vermehrt fördern. Das Gehirn teilt sich in zwei Hälften, wobei eine Gehirnhälfte unter anderem Emotionen verarbeitet und die andere Hälfte für das logische Denken verantwortlich ist. Neuere Studien belegen zwar, dass sich die beiden Gehirnhälften nicht so pauschal in zwei Bereiche aufteilen lassen. Das ist völlig klar. Was für uns jedoch von Bedeutung ist, ist die im Moment dominierende Gehirnhälfte zu erkennen und mit einem Trick gegebenenfalls Maßnahmen einzuleiten, die für unsere Zwecke eine Gehirnhälfte abschwächen, um die andere zu aktivieren.

Je nachdem, welche Hemisphäre gegenwärtig am aktivsten ist, ist daran abzulesen, welches Nasenloch geöffnet und welches zum Teil geschlossen ist. Die aktivere Gehirnhälfte benötigt bei vermehrter Aktivität auch eine erhöhte Sauerstoffversorgung. Das Naseninnere dehnt sich aus und verändert die Form um mehr Atemluft zum Gehirn durchzulassen. In der Folge verengt sich das Nasenloch, das für die Sauerstoffzufuhr der passiveren Gehirnhälfte verantwortlich ist. Dieser Nasale- Rhythmus lässt Rückschlüsse auf eine Dominanz der Hirnhälften zu. Dabei ist zu berücksichtigen, dass aufgrund der Anatomie, das linke Nasenloch die rechte Gehirnhälfte mit Atemluft versorgt und der rechten Gehirnhälfte das linke Nasenloch Sauerstoff zuführt.

Selbstverständlich gilt dies nicht bei einer verschnupften Nase!

Ist das linke Nasenloch geöffnet, kann man davon ausgehen, dass die rechte Gehirnhälfte mit der Verarbeitung von Emotionen oder inneren Bildern beschäftigt ist. Auch Prozesse, die die Kreativität betreffen, sind hier beherbergt. Es kann also durchaus vorkommen, dass Sie in den ersten Sitzungen Schwierigkeiten haben werden deuten zu können, womit ihr Gehirn augenblicklich beschäftigt ist. Im späteren Verlauf wird sich dieser Umstand aber legen.

Zumal wir die Aktivierung beider Gehirnhälften synchron anstreben.

DER COUNTDOWN VORWÄRTS

Zählen Sie zwei bis drei Male von eins bis zehn. Die Verarbeitung von Zahlen erfolgt durch die linke Gehirnhälfte. Logisches Denken senkt den Erregungszustand, weil vermehrt die Gehirnhälfte zur Arbeit kommt, die für die Verarbeitung von logischen Zusammenhängen verantwortlich ist. Der rechten Gehirnhälfte entzieht man quasi auf diese Weise das Potenzial und damit die Energie Emotionen entstehen zu lassen.

Nachdem Sie nun mehrmals heraufgezählt haben, nehmen Sie eine Position ein, die den Atem frei fließen lässt. Je nach körperlicher Fitness kann das im Schneidersitz sein, sitzend auf einem Stuhl oder auch liegend, sofern der Kopf lediglich auf einem Nackenkissen, oder nur ein Kissen im Nacken, aufliegt. Wichtig ist immer, dass der Atem frei fließen kann.

Wir werden den Atem als Konzentrationspunkt nutzen, um das Gehirn in den Gamma-Wellen-Frequenzbereich zu bringen. Wenn Sie die Session sitzend auf einem Stuhl oder im Schneidersitz durchführen wollen, achten Sie darauf, dass sich Nasenspitze und Bauchnabel in einer geraden Linie befinden. Sitzen Sie aufrecht, ohne in sich zusammengesackt zu sein. Schließen Sie die

Augen und legen Sie Ihr Gesicht in Ihre Hände. Bewegen Sie den Kopf zunächst nach unten, bis das Ihre Fingerspitzen den Haaransatz im Stirnbereich berühren. Dann den Kopf wieder nach oben richten, damit das Gesicht durch die Hände gleitet, bis die Fingerspitzen dieses Mal das Kinn beziehungsweise den Unterkiefer berühren. Bringen Sie den Kopf wieder in die Ausgangsstellung und streichen Sie sich mit beiden Händen über das Gesicht.

Legen Sie dabei die Hände auf das Gesicht und streichen Sie zärtlich nach außen über die Ohren hinweg nach hinten durchs Haar. Wiederholen Sie diesen Vorgang mindestens dreimal oder solange es Ihnen angenehm ist. Merken Sie sich das Gefühl und die Entspannung, die sich nun langsam aber merklich in Ihnen ausbreitet. Zählen Sie erneut ein bis zwei Male vorwärts von eins bis zehn. Achten Sie dabei auf das Gefühl in Ihrer Nase das entsteht, wenn Sie die Luft ein und wieder ausatmen. Atmen Sie ruhig und gelassen, frei und losgelöst. Sollte der Fokus weg vom Gefühl in der Nase hin zu irgendwelchen Gedanken abschweifen, bringen Sie ihn immer wieder zurück auf das Gefühl, dass Sie spüren, während Sie ein- und wieder ausatmen.

In den ersten Sitzungen wird es öfter vorkommen, dass Gedanken die Konzentration auf den Atem stören. Das ist völlig normal und stellt sich nach einigen Sessions von selbst ein. In diesen Fällen ist es empfehlenswert, den Atem mit dem Heraufzählen zu verbinden und ihn sozusagen zu begleiten. Beginnen Sie bei eins einzuatmen, bei zwei auszuatmen, bei drei wieder einzuatmen und so weiter. Achten Sie darauf, dass der Atem ruhig ist. Keine Hektik aufkommen lassen. Mit ein wenig Übung und Vertrautheit mit dem Prozess kommen die guten Ergebnisse von ganz allein.

Lassen Sie die Augen noch geöffnet und suchen Sie sich einen Punkt, der sich in Ihrem Gesichtsfeld befindet. Starren Sie nicht darauf, sondern legen Sie den Blick anstrengungslos auf den Punkt. Das bedeutet, dass Sie ruhig blinzeln dürfen und nicht mit aufgerissenen Augen auf die Wand starren.

Im Verlauf der Sitzungen wird es immer wieder dazu kommen, dass Sie das Gefühl wahrnehmen in eine Art Trance zu fallen. Das ist die andere, genau die entgegengesetzte Richtung der Frequenzbänder. In einem solchen Fall richten Sie die Aufmerksamkeit immer wieder auf das Heraufzählen. Beginnen Sie sofort an zu zählen, von eins bis zehn. Sobald Sie wieder voll konzentriert sind, fahren Sie mit der Session fort.

Konzentrieren Sie sich weiter auf Ihren Atem, der durch die Nase ein und wieder herausströmt. Nach einigen Wiederholungen lenken Sie Ihre Aufmerksamkeit dann noch zusätzlich auf die Bauchgegend. Versuchen Sie zu registrieren, wie sich Ihr Bauch während der Atmung auf und ab bewegt. Lassen Sie aber dabei

Ihre Aufmerksamkeit auch auf das Gefühl, das in Ihrer Nase entsteht, weiterhin im Zentrum der Konzentration. Erweitern Sie vielmehr dieses Zentrum, indem Sie die Aufmerksamkeit auch auf den Bauch ausdehnen.

Verweilen Sie ein wenig in diesem Zustand und spüren Sie gleichzeitig den Atem in Ihrer Nase wie auch das Gefühl in der Bauchgegend.

Im weiteren Verlauf der Sitzung gehen Sie dann dazu über, den Körper aus der Perspektive eines Dritten zu betrachten. Gehen Sie näher heran, um den Körper auch mental abtasten zu können. Beginnen Sie am Kopf. Versuchen Sie zu erspüren, wie sich Ihr Haar anfühlt. Streicheln Sie sich einige Male mental selbst übers Haupt. Gehen Sie sich nun mit beiden Händen durchs Gesicht und streichen Sie mit den Fingerspitzen über die Augenbrauen. Genauso, wie Sie es zu Beginn der Session machen, um eine Entspannung einzuleiten.

Lassen Sie nun Ihre Hände den Nacken entlanggleiten und an den Schultern wie den Armen seitwärts hinab.

Wenn Sie das Gefühl nicht kennen, empfiehlt sich zu Anfang der Sitzung den Körper mit beiden Händen von oben nach unten abzutasten und sich das Gefühl einzuprägen. Sie werden feststellen, wie wenig Sie wissen, wie sich Ihr Körper anfühlt. Dieser bewusste Prozess, des sich Abtastens, ist nicht mit dem Kontakt zu verwechseln der entsteht, wenn man sich beispielsweise mit einer Bodylotion eincremt. Beim Abtasten liegt die Aktivierung der vielen Rezeptoren der Haut im Vordergrund.

Tasten Sie weiter den Oberkörper ab und gehen Sie dann zu den Beinen bis hin zu den Füßen über.

Ihre Aufmerksamkeit ist nun auf drei Punkte gerichtet.

1. Der Atem in Ihrer Nase.
2. Der Atem in Ihrem Bauch beziehungsweise Brust.
3. Das Abtasten des Körpers auf mentaler Ebene.

Es ist jetzt schier unmöglich, dass noch Alltagsgedanken oder anderes Nachgrübeln im Kopf existiert.

Mit dieser Technik haben wir also bisher schon sehr wichtige Schritte gemacht. Wir haben einerseits einen nennenswerten Entspannungszustand erreicht, zum anderen haben wir die Gedanken ausgeschaltet, die uns daran hindern, uns zu reorganisieren. Nach einiger Übungszeit, etwa in der dritten Woche, kann der Übergang dahin erfolgen, bestimmte Bewusstseinsinnhalte losgelöst von jeglicher Identifikation objektiv zu reflektieren.

Bis dahin steht das tägliche Training allerdings an erster Stelle. Es macht wirklich keinen Sinn, den Teil der Übung zu überspringen, der das Gehirn auf mehr als 40 Herz tunet. Langzeitstudien belegen, dass nur bei disziplinierter Anwendung der Quantum Release Technik ein signifikanter Anstieg der Hirnfrequenz zu messen ist. Erst in diesem Frequenzbereich erschließen sich Quantenfelder und Quanteneffekte werden möglich.

Daraus ergeht folgender Terminplan.

Täglich ca. 40 Minuten jeweils zweimal, einmal morgens und abends. Am besten vor der Arbeit und vor dem Schlafengehen. Achten Sie dabei auf das individuelle mentale Tageshoch, das davon abhängt, welcher Chronotyp Sie sind. In der Wissenschaft von den zeitlichen Gesetzmäßigkeiten im Ablauf von Lebensvorgängen, der Chronobiologie, kategorisiert man Menschen in sogenannte Chronotypen wie „Lerche“, „Eule“ und „Normaltyp“. In diese Kategorien werden Personen klassifiziert, die hinsichtlich der zirkadianen Uhr, auch innere biologische Uhr genannt, eine klare körperliche und psychische Verfassung zu unterschiedlichen Tages- und Nachtphasen aufweisen. Was die Abbildung Nummer Sieben auf Seite 117 nicht zeigt, ist die Tatsache, dass aufgrund eines anderen Rhythmus, weil man eben wie die Eule abends aktiver ist, morgens länger schläft. Es verschiebt sich somit der Rhythmus und man kommt zu ganz anderen aktiven Zeiten. Diesen Unterschied zeigt die Abbildung Nummer acht auf Seite 118 in sehr deutlicher Weise. Der äußere Kreis, der den Eulen Typ darstellt, zeigt die im Besonderen lange Schlafphase. Vereinfacht kann man sagen, dass der, der von Natur aus abends früh Müde wird, morgens auch früh aus dem Bett kommt. Selbst wenn man als Eulen Typ den Schlafrhythmus versucht zu manipulieren, würde sich, dass zwangsläufig auf die Gesamtverfassung auswirken. Denn, um beim Eulen Typ zu bleiben, ausschlaggebend ist nicht der Zeitpunkt, an dem man zu Bett geht, sondern der Zeitpunkt an dem der Körper seine genetisch bedingten Mechanismen in Gang setzt. Mehr als 20 Gene bestimmen den Zirkadianen Rhythmus.

Die auf Seite 99 enthaltene Tabelle zeigt beispielsweise eine hohe Darmaktivität zwischen sieben und neun Uhr morgens. Während der Frühaufsteher schon längst Appetit hat, kämpft der Spätaufsteher noch damit sich zu orientieren. Wenn man nun entgegen seiner Natur, beispielsweise arbeitsbedingt, früh aufsteht, obwohl man ein Spättyp ist, hat das nicht wahrscheinliche Auswirkungen auf die Gesundheit, sondern ganz sicher. Forscher haben in der Tat festgestellt, dass die Menschen, die gegen Ihre innere Uhr kämpfen, kürzer leben, ergo früher sterben. Große Unternehmen haben das schon in den siebziger Jahren erkannt und die Gleitzeit eingeführt. So kann jeder seine Arbeit beginnen, wann er es will, beziehungsweise wann seine innere biologische Uhr ihm die Kraft dazu gibt.

Das Ergebnis ist, dass diese Unternehmen leistungsfähigere Mitarbeiter haben, weil die Leistungsfähigkeit konzentriert ist. Mitarbeiter, die entsprechend ihrem individuellen Rhythmus leben und arbeiten, sind produktiver. Sie sind darüber hinaus gesünder, lebensfroher und auch in der Freizeit aktiver.

Aus diesem Grund ist es von zwingender Notwendigkeit, die QRT Sessions dann durchzuführen, wenn Sie auch in der dafür günstigen Verfassung sind. Die Abbildung Nummer Acht, auf Seite 118115 zeigt, in welchem Zeitfenster die naturgemäße Gamma-Wellen-Aktivität des Gehirns erfolgt. Es handelt sich hierbei um den idealen Zeitpunkt, mit der Übung während des Anfangsstadiums zu beginnen. Mit fortlaufender Praxis der QRT vergrößert sich das Zeitfenster und eine anhaltende Gamma-Wellen-Aktivität stellt sich ein.

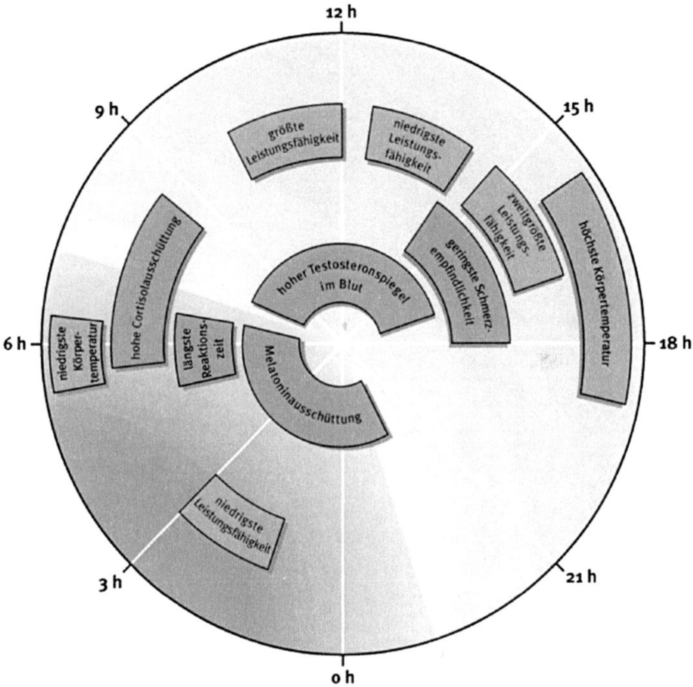

Grafik 11 - Zirkadianer Rhythmus

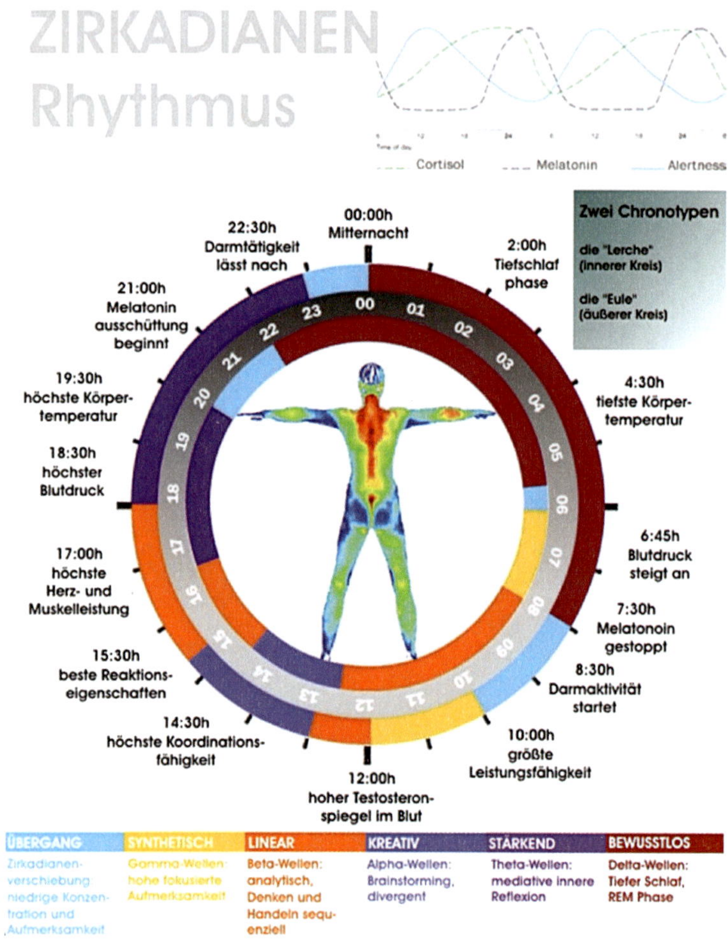

Abb. 12 - Zirkadianer Rhythmus mit Gehirnwellen

Binaurale Frequenz

> ***Wir leben nicht in der Realität, sondern in einer Surrealität, einer Welt, geprägt durch Wertungen und Ängste, Gewinn und Verlust, Lohn und Strafe, Vertrautheit und Fremdheit.***
>
> ***(Robert C. Solomon)***

Die auf den Seiten zuvor beschriebene Methode ist eine langatmige Geschichte. Jeder sollte für sich selbst entscheiden, ob ihm sein Körper, Geist und Seele so viel bedeutet, dass ihnen die Aufmerksamkeit und Pflege zuteil kommt, die eine gesunde und lebensfreudige Existenz gewährleistet.

Der menschliche Organismus ist zwar ein Wunderwerk der Natur, doch seine Funktionalität, Belastbarkeit und Regenerationsfähigkeit ist für die Moderne einfach nicht geschaffen. Die Technik und andere moderne Errungenschaften der Menschheit haben sich schneller entwickelt, als sich der Mensch an Sie anpassen konnte. Wenn man bedenkt, dass wir nur existieren, weil wir uns über Millionen von Jahren langsam entwickelt haben, weil wir uns den Umweltbedingungen anpassten, wir aber in weniger als einem Jahrhundert mit schädlichen Umweltfaktoren zu kämpfen haben, so ist es nicht verwunderlich, dass immer mehr Menschen immer häufiger erkranken. Der Begriff „Zivilisationskrankheit“ beschreibt eine ganze Reihe an Krankheitsbildern, die in den Industrieländern aufgrund spezieller Verhaltensarten sowie Lebensweisen und nicht zuletzt durch Umweltfaktoren entstehen.

Die in allen Industrieländern am häufigsten festgestellten Krankheiten sind Herz- und Gefäßerkrankungen, Bluthochdruck, Diabetes, Gicht, verschiedene Allergien und Hautkrankheiten, Krebs, psychische und psychiatrische Störungen. Jeder kann sich hier selbst an fünf Fingern abzählen, wodurch die Krankheiten entstehen. Es ist die Hektik, der Stress, die fehlende soziale Komponente, die vielen Chemikalien mit denen wir täglich in Kontakt kommen und nicht zuletzt der Elektrosmog. All diese Einflussfaktoren nagen an unserer Gesundheit. Sie schwächen das Immunsystem und entziehen den Menschen die Lebensenergie. Niemand sagt, es sei schlecht, dass es die Moderne gibt. Die Kritik richtet sich an die Nebenwirkungen, die durch Lobbyismus aus Gründen des Profits, der Bequemlichkeit und Kosten beschönigt werden.

Natürlich befinden sich die meisten Menschen in einer Zwickmühle. Sie können nicht anders als sich Tag ein Tag aus selbst zu opfern, denn sie müssen die eigene Existenz sichern und aufrechterhalten. Den schwer erlangten Lebensstil aufrecht halten. Und genau an diejenigen geht der Appell. Es muss etwas unternommen werden, um sich gegen die schädlichen Umweltfaktoren zu immunisieren.

EIN WEG IST DIE QUANTUM RELEASE TECHNIK.

Wem es aber zu langwierig erscheint, die eigentliche QRT zu praktizieren, der kann auf technische Hilfsmittel zurückgreifen. Es gibt eine Methode, die mittels einer besonderen Klangtechnik die gewünschten Hirnwellen erzeugt. Es kann damit nahezu jedes Gehirnwellenmuster hervorgerufen werden. Sogenannte Binaural Beats können Hirnfrequenzen erzeugen, indem jedem Ohr ein separater Ton zugeführt wird. Denn sobald zwei separate Töne mit geringem Frequenzunterschied über die Ohren zum Gehirn gelangen, entsteht im Gehirn eine dritte Frequenz, die sich aus dem Unterschied der anfänglichen Frequenzen zusammensetzt.

Auf diese Weise kann jeder gewünschte Bewusstseinszustand, der ja von den unterschiedlichen Hirnfrequenzen abhängt, entstehen. Aufgrund des Resonanzprinzips versucht das Gehirn die künstlich erzeugte Frequenz zu imitieren, wodurch eine Synchronisierung entsteht.

Der Trick liegt nun darin, dem Gehirn die gleiche Frequenz anzubieten, die es bereits selbst aufweist, um dann die Frequenz stetig zu erhöhen oder je nach Bedarf auch abzusenken. Das Gehirn folgt der vorgegebenen Frequenz dann schneller und einfacher. Die Abbildung auf Seite 118 zeigt, um welche Uhrzeit welche Hirnwellen vorherrschen. Je nachdem, wann man eine Frequenzmodulation vornimmt, empfiehlt es sich, mit der jeweiligen Frequenz zu beginnen, die bereits aktuell ist. Man holt das Gehirn quasi ab um es dann zu einem höheren oder niedrigeren Frequenzbereich zu bringen.

Frequenz Band	Frequenz Bereich (Hz)	Neurologische Frequenzbereiche EEG Frequenzbänder
Delta	1-3	Koma, Trance, Meditation, Tiefenentspannung, tiefer traumloser Schlaf, Trance und tiefenhypnotische Zustände, Regenerationsvorgänge
Theta	4-7	Traumschlaf (REM-Phase= Rapid Eye Movement), Trance, Hypnose, Zugang zu unbewusstem Material, Träumerei, Assoziation, Kreativität, Fantasie, Unterbewusstsein ist vorherrschend, luzides Träumen (Wachträumen)

Alpha	8-12	Regenerationsphase, entspannter Wachzustand bei geschlossenen Augen, Meditation, erhöhte Merkfähigkeit, Intuition und Fantasie	
Beta	13-40	Anspannung, gespannte Aufmerksamkeit, Ärger, Wut, Angst, Stress, Unruhe	
Gamma	40-500	35 - 108 Hz	Astralprojektion, Transzendenz, Drittes Auge öffnet sich.
		120 - 500 Hz	P.S.I., Psychokinese, Transmutation

Wenn wir ein Ohr mit 150 Hz und das andere mit 155 Hz beschallen, erhalten wir einen Binaural Beat von 5 Hz. So wird es möglich, verschiedene Frequenzbereiche anzusteuern und die davon abhängigen Bewusstseinszustände auszulösen.

Es steht außer Frage, das die Binaural Methode einen einfachen Weg bietet, die gewünschten Hirnwellenmuster schnell und sicher zu erreichen. Wer nur daran interessiert ist, schnell und bequem Effekte zu erzielen, der ist mit dieser Technik sehr gut beraten. Dennoch muss der Hinweis erfolgen, dass die natürliche QRT das Gehirn dauerhaft im Gamma-Wellen-Bereich belässt. Ursache dafür ist der Prozess, mit dem man die Gammawellen hervorruft. Sie funktionieren autogen, das heißt, aufgrund eines durch Selbstregulieren veränderten Meta-Mechanismus bleibt das Gehirn dauerhaft im nahen Gamma-Wellen-Bereich. Eine kurze Induktion reicht dann aus, um die Fähigkeit hervorzurufen, Quanteneffekte auszulösen. Und zwar in allen Lebenssituationen. Im Gegensatz zur Binaural Methode ohne Kopfhörer aufsetzten zu müssen und ohne bei der Frequenz zu beginnen, wie sie das Gehirn bei nicht Trainierten aufweist.

Ein weiterer Vorteil der natürlichen Quantum Release Technik ist der „passiv-aktiv Effekt". Wenn das Gehirn dauerhaft im Gamma-Wellen-Bereich ist, so hat dies größere Wirkung auf bestehende Quantenfelder. Im Alltag gesteckte Ziele werden einfacher und konfliktfreier erreicht. Egal ob es der Manager ist, der sein Unternehmen erfolgreicher zu machen versucht oder der Sachbearbeiter, der seinen Job gut erledigen will. Ja selbst die Hausfrau hat eigene Ziele und Wünsche, die mit QRT schneller und einfacher erreichbar sind.

Während wir unsere Arbeit verrichten und den täglichen Aufgaben nachgehen, haben wir meistens das Ziel schon vor Augen. Auch der Weg, der zu diesem Ziel führt, ist schon abgesteckt. Jeder passive Gedanke, den wir produzieren, wirkt auf die diversen Quantenfelder, die zum Ziel führen. Ein Gedanke, der bisher nur passiv war, reagiert aufgrund seiner Wirkungsweise aktiv auf die Quantenfelder ein und trägt somit dazu bei, die Konstellationen zu verändern. Sind es negative Gedanken, hat das auch negative Auswirkungen auf die Konstellation, aus der der Weg zum Ziel besteht. Nur positive Gedanken tragen demnach dazu bei, ein Ziel sicher und erfolgreich zu erreichen oder besser gesagt, das Ziel manifestiert sich in der Realität.

Supervision

Was das Gehirn erlebt, ist wirklich in der einzig sinnvollen Bedeutung des Wortes. Marylin Ferguson

Wir haben nun ausführlich die Technik kennengelernt, mit der man das Gehirn dauerhaft im Gamma-Wellen-Bereich hält. Der nächste Schritt ist nun der, Quanteneffekte auszulösen. Auf den Seiten zuvor haben wir bereits Bezug auf die Supervision genommen. Supervision beschreibt einen quantenphysischen Prozess bei dem Gedanken aktiv auf bestehende Quantenfelder wirken und/oder Quantenfelder entstehen lassen.

In der Praxis haben sich zwei Arten der Supervision herausgestellt. Wir wollen sie hier in Supervisionsarten einteilen, die einerseits für Quanteneffekte auf organischer Ebene und andererseits für Quanteneffekte in Szenarien wirken sollen.

Unter organischer Ebene ist all das zu verstehen, das eine zellulare Struktur aufweist bzw. mit dem Körper zu tun hat. Auch Schmerzen aller Art fallen darunter.

Unter Szenarien stellen wir uns Situationen vor, in denen wir mit der Außenwelt interagieren. Das kann die Zielsetzung sein, einen besseren Posten im Unternehmen zu erlangen, einen Partner für uns zu begeistern oder im Sport bessere Leistungen zu erzielen.

Quanteneffekte organische Ebene

> ***„Das Selbst ist die eigenschaftslose reine Wirklichkeit, in deren Licht Körper und Ego aufleuchten. Wenn alle Gedanken zur Ruhe gekommen sind, bleibt das reine Bewusstsein zurück.“***
> ***Ramana Maharshi***

Wer Quanteneffekte auf organischer Ebene auslösen will, strebt meistens das Ziel an, eine Erkrankung zu heilen. Das ist durchaus möglich. Denken Sie nur an die so zahlreich bekannten Spontanheilungen. Hierunter waren auch schon Menschen, die von der Schulmedizin zum Sterben nach Hause geschickt wurden. QRT ist nichts anderes, als den Prozess einer Spontanheilung mit wissenschaftlichen Erkenntnissen zu analysieren und daraus eine Art Gebrauchsanweisung für jedermann bereitzustellen.

1. Als ersten Schritt muss man mehr über die Erkrankung und deren Ursache in Erfahrung bringen. Jede auch nur erdenkliche Information ist für den Heilungsprozess und den damit verbundenen Erfolg von großer Bedeutung. Je mehr Informationen vorliegen umso genauer kann man den Prozess der Heilung visualisieren. Nur wenn man weiß, wie es ist und sein soll, kann man das gewünschte Ergebnis hervorrufen. Wenn ich nicht weiß was ich will, wie soll es sich dann manifestieren?
   Auch die Frage darüber, was man schon alles unternommen hat oder noch unternehmen kann, um eine Heilung herbeizuführen, gehört in den Workflow zur Informationssammlung.

2. Nachdem die Informationen zusammengetragen sind und man genau abgewogen hat, dass man alles auch nur erdenkliche schon unternommen hat, um eine Heilung

herbeizuführen, stellt man sich den jetzigen, den aktuellen Zustand noch einmal bewusst vor. Wie steht es mit der Erkrankung im Hier und Jetzt? Nachdem man nun die Erkrankung, so wie sie sich derzeit zeigt, mit allen Details vor dem inneren Auge betrachtet hat, stellt man sich das Organ oder den Muskel so vor, wie es/er im gesunden Zustand aussieht oder anfühlt.
Während dieser Phase ist es besonders wichtig, dass man den Zustand in allen Sinneskanälen repräsentiert. Das heißt, jede Empfindung, die man zum Zeitpunkt der Heilung haben wird, sollte jetzt schon präsent sein. Auch solche Geräusche, die man meint, werden hören können, sollten jetzt schon hörbar sein. Dass gleiche gilt für den Geschmack und den Geruch. Man sollte versuchen eine Situation zu kreieren, in der alle Sinnesorgane beteiligt sind. Der eigenen Fantasie sind dabei keine Grenzen gesetzt. Es gibt in der Realität nichts Absurdes, den absurd wird es erst dadurch, wenn die Vorstellungskraft aufhört.

3. Der Weg ist das Ziel. Wir kennen nun den Ist-Zustand sowie den Soll-Zustand und benötigen nunmehr den Prozess bis zum Soll-Zustand. Nehmen wir das Beispiel der schon erwähnten Schürfwunde. Wir sehen, wie die Wunde blutet und sehen nach wenigen Minuten wie sich bereits eine Kruste gebildet hat. Wenn wir sämtliche Informationen darüber in Erfahrung gebracht haben, wes-

halb die Wunde zuvor geblutet hat, welche Prozesse im Körper stattgefunden haben und noch stattfinden müssen, wissen wir, welche weiteren Schritte erfolgen werden, bis eine gänzliche Heilung eingetreten ist. Diese Schritte sind es, die man vor dem inneren Auge ablaufen lassen muss. Wir erinnern uns auch an das Storyboard. Sequenzen die Situationen darstellen. Abläufe die Details zum Vorschein bringen. All das, gehört in die Vorstellung über den Prozess, der den Weg zum Ziel darstellt. Sämtliche Vorstellungen müssen dabei konkret und intensiv erfolgen.

4. Beteiligung weiterer Personen. Während bisher das Augenmerk auf den Heilungsprozess gerichtet war, der darstellt, wie sich die Therapie in einzelnen Schritten vollzieht, welche Vorgänge im Körper am Werk sind, kann man dazu übergehen, den Rahmen zu erweitern und weitere Personen in das imaginäre Szenario hinzuziehen.

   Man nimmt dazu Personen aus dem Umfeld, die über die Krankheit an der man leidet, unterrichtet sind. Diese Personen werden nun Teil der Szene, in der die Nachricht über die Heilung verkündbar ist. Man stelle sich vor, vielmehr empfinde, sehe, höre, rieche, schmecke, wie die Reaktion über die frohe Botschaft von anderen angenommen wird. Was sagen diese Personen und was löst das in einem selbst aus. Man nehme weitere Personen hinzu, beobachte diese, wie sie miteinander darüber reden. Und auch in dieser Sezene muss es eine Vorstellung über die Nachricht einer erfolgreiche Genesung geben, welche Reaktionen in einem entstehen, wenn man diese ganzen Szenarien beobachtet.

5. Was werde ich machen, wen ich meinen Wunschzustand erreicht habe? Diese Frage motiviert und mobilisiert zugleich. In dieser letzten Phase der Supervision taucht man in die neue Welt ein, als wäre man ein neuer Mensch. All das, woran einen die Krankheit bisher gehindert hat, es zu unternehmen, kann nun in der letzten Phase erlebt werden. Denn das Handicap existiert nicht mehr. Es gibt nichts mehr das einem den Spaß verdirbt. Jetzt kann mit einem die Fantasie durchgehen. Egal was es auch ist, man stelle es sich einfach vor. Je intensiver und konkreter der Gedanke ist, umso schneller wird er sich in der Realität manifestieren.

Supervision Szenarien

Gedanken stellen eine neurophysiologische Aktivität dar. David Bohm

Warum alles in der Welt funktioniert, liegt einfach daran, dass sich jemand zuvor Gedanken darüber gemacht hat. Wir würden nicht in einem Automobil fahren oder die Kleidung auf unserem Leib tragen können, wenn sich nicht vorher jemand damit gedanklich auseinandergesetzt hätte. Gedanken halten die Betriebsamkeit allen Seins in Gang. Man hat erfolgreiche Menschen über Jahrzehnte hinweg beobachtet. Die zentrale Frage war: „Was unterscheidet diese Menschen von anderen, dass sie so erfolgreich sind?“ Die Antwort war nicht etwa pures Glück. Vielmehr legen sich erfolgreiche Menschen die Zukunft zurecht. Das Verblüffende dabei ist, je einfachere Gedankengänge sie hatten, je positiver sie zum Leben eingestellt waren, je optimistischer sie in die Zukunft schauten, umso schneller wurden sie erfolgreich. Glück ist daher nur ein Synonym für den Zustand Zufall. Und der Zufall wird wieder von verschiedenen Parametern bestimmt. So wird der Zufall zum gewollten Ereignis. Wir müssen nur an den richtigen Schrauben drehen. Den richtigen Stein ins Rollen bringen. Dadurch erfolgt eine Kettenreaktion vieler weiterer Ereignisse, die die Zukunft gemäß den eigenen Vorstellungen gestaltet. Um die Zukunft gemäß den eigenen Vorstellungen gestalten zu können, bedarf es allerdings eines Hausputzes.

60.000 Gedanken denkt ein Mensch durchschnittlich pro Tag. Davon sind 72 % oberflächige beziehungsweise bedeutungslose Gedanken. Und sogar 25 % sind zerstörerische Gedanken. Lediglich 3 % der Gedanken sind konstruktiv und damit effizient. Wie an diesen Zahlen eindeutig zu erkennen ist, bedarf es einer Korrektur der eigenen Gedankengänge. Nämlich dahin gehend, dass divergente Verhältnis zwischen den destruktiven und den konstruktiven Gedanken umzukehren. Erfolgreiche, glückliche und zufriedene Menschen haben nämlich genau diesen umgekehrten Zustand. Das ist es, was sie von anderen, weniger glücklichen und weniger erfolgreichen Menschen unterscheidet.

Die Devise lautet deshalb, Grübeln einstellen und die freigewordenen Ressourcen für eine aktive Lebensplanung nutzen. Identifizieren Sie solche Gedanken, die irrational sind und solche Gedanken, die ständig über ein Thema kreisen. Setzen Sie sich einmal mit einem Problem auseinander und entwickeln Sie eine Strategie, wie Sie das Problem beheben können. Es gibt immer eine Lösung. Beginnen Sie jetzt und hier positive Gedanken zu konstruieren.

Tun Sie es den erfolgreichen Menschen gleich. Erschaffen Sie sich Ihre eigene Zukunft. Leben Sie schon jetzt in dieser Zukunft. Was Sie nur noch zu machen brauchen ist, die Stellschrauben zu betätigen.

Dieser Vorgang bedeutet nichts anderes, als ein Quantenfeld zu konstruieren. Der Ausspruch: „Umgebe dich mit erfolgreichen und du wirst erfolgreich“, bestätigt die Existenz solcher Quantenfelder und deren Subfelder. Wer sich mit erfolgreichen Menschen umgibt, der betritt zwangsläufig deren Quantenfelder. Es entsteht quasi eine Resonanz zu diesen Feldern. Das alles ist keine Magie, sondern die pure Physik.

Ein Gehirn, das im Gamma-Wellen-Bereich schwingt, hat einen viel größeren Einfluss auf Quantenfelder und Quantenvakua. Darum geht es doch. Aufzuzeigen, warum und wie das Ganze funktioniert um es dann nutzbringend anzuwenden.

Um nun Quanteneffekte auszulösen die Szenarien betreffen, ist es erforderlich, sein Ziel genauestens vor dem inneren Auge darzustellen. Wir gehen ähnlich vor, wie bei Quanteneffekten auf der organischen Ebene. Der Schwerpunkt liegt jedoch in der Konzentration auf den Moment des Triumphes. Das schon erreichte Ziel und die damit verbundenen Emotionen und Eindrücke müssen schon im Vorfeld erlebbar sein.

Auch hierfür beanspruchen wir ein Zeitfenster von circa 40 Minuten, in dem wir den Imaginationsprozess in allen Sinneskanälen vollziehen.

Erst wenn Sie Ihr Ziel fühlen, sehen, riechen und schmecken können, haben Sie die Supervision erfolgreich durchgeführt.

Die meisten Menschen fragen nach Methoden, wie sie Reichtum anhäufen können um so viele materielle Güter wie nur möglich erwerben zu können. Wer jetzt meint es folgt eine Predigt warum und weshalb Geld schlecht ist, materielle Güter kein wirkliches Glück bringen, der irrt. Es ist völlig in Ordnung, einen solchen Wunsch zu haben. Mal im Ernst, haben wir den nicht alle?

QRT macht es möglich. Denn die Quantum Release Technik zeigt, wie es geht. QRT arbeitet nach physikalischen Gesetzen. Es beschreibt wie Menschen es machen sich selbst zu heilen oder Erfolg haben. Dazu gehört auch eine spezielle Systematik, die es ermöglicht sicher an sein Ziel zu gelangen.

Ziele erreichbar machen

Es gibt eine weitere Fähigkeit, die erfolgreiche Menschen besitzen, um zum angestrebten Ziel zu kommen. Neben der sehr klaren und einfachen Denkweise, der positiven und optimistischen Einstellung zum Leben sowie einer besonderen Gehirnwellenstruktur, benutzen sie ein spezielles System, mit dem sie zum Ziel gehen. Es ist eine Art Strategie, mit der sie jedes Vorhaben ihren Vorstellungen entsprechend realisieren. Diese Strategie besteht im Wesentlichen aus drei Faktoren.

1. Das Ziel definieren.
2. Eine angemessene Zeit festlegen, wann das Ziel erreicht sein soll.
3. Aufgaben gliedern und planen.

Bevor ein Projekt, welcher Art auch immer, gestartet wird, analysieren erfolgreiche Menschen das Ziel nach speziellen Kriterien. Ein Projekt braucht keine Gründung eines Firmenimperiums zu sein. Es kann sich auch um die Suche nach einem Partner, einem neuen Job oder generell mehr Freude am Leben handeln. Die Strategie lässt sich einfach auf alle Lebensbereiche anwenden. Wie man es schaffen kann, in jeder Lebenssituation die völlige Zufriedenheit zu erlangen, zeigt der übernächste Abschnitt. Das Rad des Lebens zeigt später, wie man es bewirkt, in jedem Lebensbereich rundum zufrieden und glücklich sein kann.

Ziele sind dazu da, erreicht zu werden. Um sie erreichen zu können, bedarf es aber eines Weges dorthin. In den meisten Fällen hapert es jedoch schon daran, nicht zu wissen, wo ist der Anfang, wo das Ende und was ist dazwischen. Jeder der ein Vorhaben plant, muss im Vorfeld erst einmal die genaue Zielrichtung kennen. Klarheit verschafft dabei die Frage nach dem, was ich will, wozu brauch ich es und wann will ich es. Jedes Ziel besteht aus Zwischenzielen, wenn man so will, aus Etappen. Bei jeder Etappe angekommen, reflektiert man das bereits geschaffte und geht dann voller Tatendrang seinem Erfolg weiter entgegen.

Empfehlenswert ist es deshalb, Fernziele in Nahziele zu gliedern. Einzelne Schritte schriftlich festhalten, um jederzeit darauf Bezug zu nehmen und den Bearbeitungsstand messen zu können.

Eventuelle Hürden lassen sich schon in der Anfangsphase vermeiden, wenn Ziele konkret formuliert sind. Aus diesem Grund empfiehlt es sich, nur die Dinge aufzuzählen, die man erreichen und nicht diejenigen, die man vermeiden will. Um dem Ziel weitere Anziehungskraft zu verleihen und damit die Motivation zu steigern es erreichen zu wollen, sollte die Frage geklärt sein, was passiert, nachdem das Ziel erreicht wurde. Die Beantwortung dieser Frage wirkt sich besonders auf die Zwischenziele aus und gibt womöglich eine neue Richtung vor. Denn die Antwort gibt auch Anlass zu hinterfragen, welche Maßnahmen muss ich zusätzlich ergreifen, um das Ziel zu realisieren. Kann mir eventuell jemand dabei behilflich sein? Gibt es jemanden, der das Gleiche schon einmal geschafft hat? Erfolge sind kopierbar. Warum nicht den gleichen Weg gehen der andere schon zum Erfolg führte?

Es ist ja nicht so, dass man nichts dafür tut. Selbstverständlich geht man den Weg ja selbst. Und das ist das Kapital. Stein für Stein baut man selbst am Haus des Erfolges. Je mehr man selbst in der Hand hat, umso größer ist auch die Kontrolle über das Projekt.

Je unabhängiger man in seinem Tun ist, umso mehr hat man es in der Hand, wie schnell ein Projekt vorankommt. Zeit ist ein Faktor, den man zwar selbst bestimmt, aber der auch von anderen abhängt. Die Frage, wann ein Zwischenziel und wann das tatsächliche Ziel erreicht sein soll, gehört somit in die unmittelbare Zielanalyse. Erfolgreiche Menschen sagen in der Tat voraus, bis wann sie etwas erreicht haben wollen. Das gibt ihnen den Tatendrang mit aller Ausdauer am Projekt zu arbeiten und daran festzuhalten.

Dieser Tatendrang wird ständig von der Vorstellung über den Zustand angetrieben, den man einnimmt, wenn man sein Ziel erreicht hat. Wenn man das Gefühl, den Geruch, den Geschmack, die Bilder in allen Farben sieht, die die Zukunft bringt, dann entsteht eine Art Sucht. Der Wunsch verstärkt sich.

Jedes Projekt bringt auch eine Veränderung mit sich. Um die einzelnen Maßnahmen, die man auf dem Weg zum Ziel ergreift, auf ihre Notwendigkeit hin zu überprüfen, muss man sich die Frage stellen, ob die eine oder andere Handlung auch wirklich sinnvoll und effizient ist. Eine Antwort gibt vielleicht die Sicht der Dinge, indem die erreichten Zwischenziele mit den Augen einer weiteren Person gesehen werden. Woran erkennen Außenstehende, dass ich eines meiner Ziele erreicht habe?

Indem auch andere erkennen können, das man ein Ziel erreicht hat, besteht die Möglichkeit darüber nachzudenken, ob es Personen gibt, mit denen man das Teilziel oder Endziel gemeinsam erreichen möchte. Eventuell kann man daraus schließen, wer oder was einen eigentlich bisher daran gehindert hat zum Ziel zu kommen. Das betrifft auch Hindernisse, die sich auf dem Weg zum Erfolg auftun. Aber auch der innere Schweinehund kann einem das Leben schwer machen. Sowohl äußere als auch innere Einflüsse wirken dabei auf die Motivation. Es ist daher empfehlenswert, zu überprüfen, wie stark die Blockaden sind oder sein könnten und ob es Interventionsmaßnahmen gibt, um diese Blockaden aufzubrechen. Auch die Überlegung darüber, welche Opfer ich auf dem Weg zu meinem Ziel aufbringen muss, kann die Motivation ein Projekt zu beginnen, verstärken aber auch bremsen.

Was ist mit Außenstehenden? Inwieweit sind solche Personen von meinem Ziel betroffen, die mir nahe stehen? Was ist mit den moralischen Werten? Die Antwort auf die vielen Fragen, die sich erfolgreiche Menschen geben, beeinflusst den Charakter eines Projektes und gibt die nötige Intention. Folglich kann man dann feststellen, welche Ressourcen einem dabei helfen können, das Ziel zu erreichen und darüber hinaus Maßnahmen zu eruieren, die greifen sollen, wenn die persönliche Veränderung negative Folgen mit sich bringt.

„Beginne mit dem Schritt, der Dich wissen lässt, dass Du Dein Ziel erreichen wirst."

Notieren Sie die Aufgaben und Termine. Schätzen Sie die Dauer der Aufgaben ein. Wie lange dauert eine Aufgabe, bis sie zum Abschluss kommt? Reservieren Sie Pufferzeiten. Die Verrichtung einer Aufgabe beginnt mit einem Start- und mit einem Endpunkt. Pufferzeiten sind Zeitspannen zwischen den Aufgaben. In dieser Zeit sind keine Aktivitäten geplant, die das Projekt betreffen. So bleibt ausreichend Zeit, um auf unerwartete Ereignisse, ohne Zeitdruck reagieren zu können. Demnach sollten nur 60 % der Zeit für geplante Aktivitäten belegt sein. Die restlichen 40 % gehören dem Puffer. Aus diesem Puffer sind weitere 20 % der Zeit für spontane Aktivitäten einzuplanen. Einen wichtigen Punkt stellen noch die aktiven sowie passiven Zeiten des Tages da. Besonders

Konzentrationsübungen sollen auf passive Zeiten des Tages gelegt sein. Dabei handelt es sich um Zeiten, in denen Sie wenig bis gar keine Aufgaben zu verrichten haben. Beziehungsweise um Zeiten, in der Ihre Leistungsfähigkeit am stärksten ist. Auch für störanfällige Zeiten sollte keine Planung erfolgen. Sämtliche Aufgaben lieber in störarme Zeiten legen, damit man sich den Aufgaben auch zu 100 % widmen kann. Geistig, seelisch und physisch. Auf den Seiten vorher wurde die biologische Uhr auf Tagesbasis erwähnt.

Leistungshöhen und Leistungstiefen erstrecken sich jedoch auch über Wochen hinweg. Beim Biorhythmus handelt es sich um eine Berechnung von Rhythmen mit abwechselnden Zeitabschnitten, die vom Tag der Geburt an berechnet werden. So ist es möglich die physische, emotionale und intellektuelle Leistungsfähigkeit zu berechnen und sowohl für die Vergangenheit als auch für die Zukunft grafisch darzustellen. Man kann also voraussagen, zu welchem Zeitpunkt man in der Zukunft einen bestimmten emotionalen, geistigen und physischen Zustand aufweist. Kombiniert man dieses wunderbare Werkzeug mit geplanten Aktivitäten und richtet seine gesamte Planung darauf aus, bringt das eine Leistungssteigerung mit sich, die zum Gelingen eines Vorhabens erheblich beiträgt.

Jeder hat schon einmal einen oder mehrere schlechte Tage erlebt. Oder auch umgekehrt. Tage, an denen man vor Energie nur so strotzt. Wirft man an diesen kritischen Tagen einen Blick auf seinen Biorhythmus, zeigen die sinusartigen Kurven deutlich die Ursache dafür auf. Probieren Sie es selbst einmal. Schauen Sie an Tagen an denen Sie auffallende Veränderungen wie Konzentrationsmangel oder körperliche Schwäche an sich feststellen ganz spontan auf Ihren individuellen Biorhythmus.

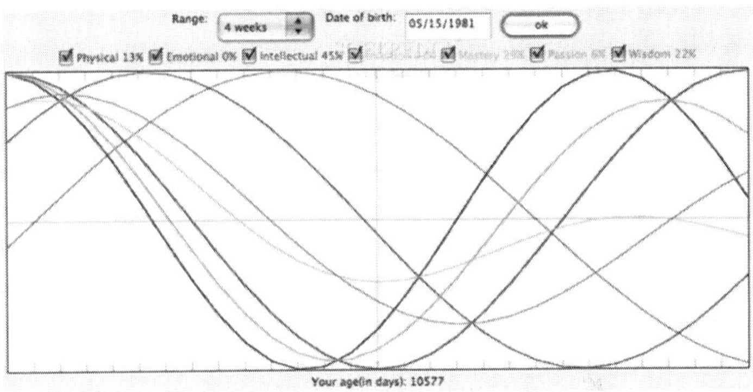

Abb. 14 - Biorhythmuswellen

Aufgrund einer unterschiedlichen Periodenlänge ergeben sich verschiedene Wellenmuster. So kann es vorkommen, dass ein intellektuelles Hoch stark durch ein physisches Tief beeinflusst sein kann. Daraus ergeben sich dynamische Zustände und Verfassungen. Deshalb der Tipp. Hören Sie auf Ihren Körper. Kämpfen

Sie nicht ständig dagegen an. Gleichen Sie Termine und Aktivitäten mit Ihrem Tages- und Biorhythmus ab. Legen Sie Aufgaben auf leistungsstarke Tage. Nutzen Sie leistungsschwache Zeiten zur Regeneration. Stimmen Sie die Fern- und Nahziele mit dem Biorhythmus ab. Versehen Sie Aufgaben mit Wichtigkeitsgraden. Sehr wichtige und unaufschiebbare Aufgaben erhalten den Buchstaben „A". Durchschnittlich wichtige Aufgaben den Buchstaben „B". Weniger wichtige Aufgaben ein „C". Dank der Berechnungsmöglichkeit für die Zukunft kann das ohne großen Aufwand geschehen. Im Internet finden sich eine Menge kostenloser Programme dafür.

Ob Sie nun ein Großprojekt oder Ihre Session planen, das ist völlig egal. Wer diese Regeln beachtet, der geht einen sicheren Weg zum Ziel.

Wenn Sie täglich trainieren, Ihre Hirnwellen in den Gamma-Wellen-Bereich zu modulieren, Supervisionen erleben und eine funktionierende Zielstrategie verfolgen, werden sich all Ihre Träume, Wünsche und Vorstellungen in der Realität manifestieren. Darauf gebe ich Ihnen mein Wort. Und dieses Wort halte ich mit einer Geld zurück Garantie. Sollten Sie es auch innerhalb eines Jahres nicht geschafft haben, Ihre Ziele zu erreichen, erstatte ich Ihnen den Kaufpreis für dieses Buch.

Vision Board

> ***Fast alle Missgeschicke unseres Lebens kommen von den falschen Vorstellungen, die wir uns von den Dingen machen, die uns passieren.***
>
> ***(Marie Stendthal)***

NOCH EIN TIPP VON ERFOLGREICHEN MENSCHEN

Sämtliche Menschen, die mir während meiner Arbeit begegnet sind und Erfolg in ihrem Leben haben, berichten allesamt über ein Werkzeug, das frei übersetzt, Motivationswand heißt.

Es handelt sich dabei um eine Pinnwand, auf der persönliche Wünsche in Bildern oder Texten angeheftet sind. Diese Motivationswand steht an einem zentralen Punkt innerhalb der Wohnung oder des Arbeitsplatzes. So kann man gar nicht daran vorbei ohne jedes Mal einen Blick darauf zu werfen. Der Effekt ist der, dass bei jedem Anblick die Wünsche und die damit verbundenen Ziele ins Gedächtnis wiederkehren und irgendwann auch bleiben. Wir erinnern uns. Je stärker ein Gedanke erzeugt wird, umso stärker haben wir Zugriff auf das Quantenfeld.

Eine Motivationswand oder auch Vision Board, ist ein einfaches aber leistungsfähiges Visualisierungs-Tool, dass das universelle Gesetz der Anziehung manifestiert und Ihre Träume Wirklichkeit werden lässt. Das Konzept des Vision Boards gibt es schon seit Generationen.

WAS IST EIN VISION BOARD?

Ein Vision Board ist eine einfache visuelle Darstellung oder Collage der Dinge, die Sie sich in Ihrem Leben wünschen. Der Zweck eines Vision Boards ist, das Gesetz der Anziehung zu aktivieren, die Dinge aus Ihrem externen Umfeld, mit denen Sie Ihren Traum verwirklichen können anzuziehen. Durch die selbst getroffene Auswahl an Bildern und Texten, die Ihre Gefühle und Leidenschaft wecken, wirken sie auf das Quantenfeld und manifestieren sich in der Realität.

DIE WISSENSCHAFT HINTER DEM GESETZ DER ANZIEHUNG

Was genau ist das Gesetz der Anziehung? Das Gesetz der Anziehung besagt, dass wir in unserem Leben alles das bekommen, worauf wir unsere Aufmerksamkeit richten, egal ob es sich um eine positive oder negative Sache handelt. Aus psychologischer Sicht kann das Gesetz der Anziehung am besten durch das „Information Filtering System" des Gehirns erklärt werden, das als das retikuläre aktivierende System (RAS) bekannt ist. Vision Boards dienen zur Programmierung der RAS sowie zur Abstimmung auf äußere Reize, die uns helfen, unseren Zielen näher zu kommen.

An der Basis des menschlichen Hirnstammes, zwischen der Medulla oblongata und dem Mittelhirn, gibt es eine kleine fingergroße Leitstelle. Diese Stelle ist das zuvor genannte retikuläre aktivierende System. Das RAS sortiert und überprüft eingehende Sinneseindrücke sowie Informationen. Das RAS ist verantwortlich für das Filtern aller eingehenden Informationen, die das Gehirn empfängt. Es dient auch als Empfänger für Informationen, die als wichtig markiert sind.

Ein einfacher Weg, um die RAS zu konzeptualisieren ist, wie ein Radio zu denken. Das hört sich zwar etwas merkwürdig an, beschreibt jedoch ganz plakativ, dass Sie zwar von vielen Radiowellen umgeben sind, aber nur einen Sender nach dem anderen wiedergeben können. Je nachdem welchen Kanal Sie einstellen. Sie müssen eine bestimmte Frequenz auf Ihrem Radio einstellen, um Ihren Lieblingssender zu empfangen. Ihr RAS ist nicht viel anders in dieser Hinsicht. Stellen Sie sich vor, Sie befänden sich in einem

Konferenzraum und merken, wie Sie im Gespräch mit mehreren Personen, plötzlich aus der fernen Ecke des Raumes, Ihren Namen vernehmen. Ihre gesamte Aufmerksamkeit wird in die Richtung, aus der Ihr Name gerufen kam, gelenkt. Ihr RAS hat eine Information wahrgenommen, dass es als wichtig eingestuft hat. Das RAS ist verantwortlich für die Fähigkeit, dass Sie zwar schlafen können, auch wenn es außerhalb Ihres Schlafzimmers laut ist, Sie aber beim kleinsten Geschrei Ihres Säuglings aufwachen. Ein weiteres Beispiel wie das RAS arbeitet ist, wenn Sie sich ein nagelneues Auto kaufen und dann plötzlich bemerken, wie viele andere Menschen es gibt, die genau den gleichen Waagen fahren.

Laut Hans Morvec, einer der wichtigsten Wissenschaftler am Robotics Institute der Carnegie Mellon University, kann das menschliche Gehirn zu jeder Zeit bis zu 100 Billionen Bits an Informationen verarbeiten. Woher weiß Ihr RAS, welche Informationen gefiltert werden können und welche Ihre Aufmerksamkeit benötigen? Selbstverständlich ist das RAS auf natürliche Weise so programmiert, dass Informationen, die für das Überleben notwendig sind, wie das Wahrnehmen des besonderen Klangs eines entgegenkommenden Fahrzeugs, beim Überqueren der Straße zu priorisieren. Das RAS ist außerstande zwischen einem realen Ereignis und eines erfundenen Sachverhalts zu unterscheiden. Diese Schwäche können wir ausnutzen, um Programme zu entwickeln, die Reize aus unserer Umwelt mit unseren Zielen in

Resonanz zu bringen. Ein Vision Board ist eine der besten Möglichkeiten um die RAS zu programmieren.

Es programmiert das RAS, die Aufmerksamkeit auf bestimmte Dinge in Ihrer Umgebung zu lenken, die die gleiche Frequenz wie Ihre Ziel oder Wünsche aufweisen. Genauso wie Sie es tun, wenn Sie sich in einem Konferenzraum befinden, ein Gespräch mit mehreren Personen führen und aus der fernen Ecken Ihren Namen wahrnehmen. Dieser selektive Aufmerksamkeitsfilter macht die täglichen Dinge bewusst, die Ihnen helfen, Ihr Ziel zu erreichen und es ist Ihre Aufgabe, diese Chancen zu nutzen, sobald sie sich Ihnen anbieten.

WIE STELLT MAN EIN VISION BOARD HER UND WIE WENDET MAN ES AN

Die Gestaltung eines persönlichen Vision Boards ist nur durch den Umfang der eigenen Kreativität eingeschränkt. Einige meiner Schüler haben einfache Vision Boards produziert. Andere wiederum haben Vision Board hergestellt, die sie wahrscheinlich für vieles Geld auf einer Kunstausstellung verkaufen könnten. Der Kreativität sind daher keine Grenzen gesetzt. Künstlerische Fähigkeit ist aber auch keine Voraussetzung für die Herstellung eines funktionalen Vision Boards. Jeder kann sich also so ein Vision Board selber bauen.

Zu den allgemeinen Elementen, dass ein gut konzipiertes Vision Board haben sollte, gehören:

VISUELL. Ihr Unterbewusstsein arbeitet in Bildern und Fotos, sodass Sie Ihr Vision Board überwiegend mit Abbildungen versehen sollten. Sie können Bilder mit Wörtern und Phrasen ergänzen, die eine emotionale Reaktion hervorrufen, sobald Sie sie wahrnehmen.

EMOTIONAL. Jedes Bild auf Ihrem Vision Board sollte eine positive emotionale Reaktion evozieren. Schon der bloße Anblick der Motivationswand sollte Sie glücklich machen und Treibstoff sein, damit Sie Ihre Ziele erreichen. Jedes Mal, wenn man es betrachtet.

STRATEGISCH PLATZIERT. Das Vision Board sollte strategisch an einem Ort sein, der Ihnen maximale Sicht darauf gibt. Ihr Unterbewusstsein, mit seiner Energie, muss ständig die Möglichkeit haben dadurch aufgeladen zu werden. Nur so manifestieren sich Wünsche und Ziele schnell und effizient.

PERSÖNLICH. Negative Gefühle, Selbstzweifel und Kritik können die empfindliche Energie, die Ihr Vision Board emittiert schaden. Wenn Sie Kritik oder Rechtfertigung für Ihr Vision Board von anderen fürchten, dann legen Sie es an einem privaten Ort ab. So kann es nur von Ihnen selbst gesehen werden.

WELCHE MATERIALIEN WERDEN BENÖTIGT UM EINE MOTIVATIONSTAFEL ZU BASTELN

Am besten eignet sich eine klassische Korkwand. Eine Magnettafel ist aber auch nicht schlecht. Der Nachteil bei Magnetwenden ist, dass Magnete einen größeren Teil der Bilder bedecken.

Was man früher mühselig aus einem großen Sortiment an Zeitschriften ausgeschnitten hat, kann man heutzutage bequem im Internet finden. Die Suche nach den Bildern und Fotos, die Ihrer Zielvorstellung entsprechen, sind im Internet schneller und einfacher zu finden. Das soll aber nicht bedeuten, dass man nur Bilder und Fotos aus dem Internet benutzen darf. Selbstverständlich sind auch andere Quellen nach wie vor nutzbar. Wichtig ist nur, dass das Bild einen Reiz darstellt und eine innere Regung hervorruft. Wenn Sie den Bildern eine Notiz hinzufügen möchten, nehmen Sie Post-it Zettel oder schreiben Sie direkt mit einem Edding auf eine freie Fläche des Bildes oder der Fotografie.

FOLGENDE FRAGEN SOLLEN IHNEN HELFEN EINE MOTIVATIONSWAND ZU FÜLLEN

Was würden Sie anders machen, wenn Sie Ihr Ziel erreichen? Wohin würden Sie reisen? Wo würden Sie leben? Was würden Sie tragen? Welches Fahrzeug würden Sie fahren? Welcher Tätigkeit würden Sie nachgehen? ... Oder wollen Sie überhaupt arbeiten? Mit wem würden Sie das alles tun?

Versehen Sie jedes Bild, jede Notiz mit einem aktuellen Datum und dem Zeitpunkt an dem Sie genau das erreichen wollen, was sie mit der Darstellung ausdrücken möchten. Viele meiner Studenten berichten, dass Sie eine Art Vorahnung haben, wenn sie kurz davor sind, ein Ziel bald erreicht zu haben. Immer dann, wenn sie zuvor das Vision Board betrachtet hatten.

Aktualisieren Sie Ihr Vision Bord nach Bedarf. Ihr Vision Board dient dazu, Sie zu inspirieren. Es soll Sie mit Energie und Leidenschaft aufladen. Immer wieder, wenn Sie darauf schauen. Sollten Sie mit der Zeit feststellen, dass das eine oder andere Bild nicht mehr die innere Regung in Ihnen auslöst oder Sie eine bessere Darstellung gefunden haben, tauschen Sie es aus. Aktualisieren Sie Ihre Motivationswand mit neuen, frischen Bildern, die Sie begeistern. Kein Vision Board ist schon bei Entstehung ein fertiges Kunstwerk. Vielmehr ist es ein lebendiges Kunstwerk, das formbar ist. Verschieben und verändern Sie die Inhalte genauso, wie sich Ihre Wünsche, Träume und Ziele ständig verändern. Passen Sie es flexibel an.

BERÜHMTE BEISPIELE DIE DAS GESETZ DER ANZIEHUNG BEACHTET HABEN UND HEUTE ERFOLGREICH SIND

Hier sind drei Beispiele berühmter Menschen, die die Techniken der Visualisierung und das Gesetz der Anziehung zu aktivieren in ihrem Leben verstanden haben. Obwohl nicht alle von ihnen gezielt Vision Boards eingesetzt hatten, haben sie mit ähnlichen Konzepten all das bekommen und erreicht, was Sie wollten.

JOHN ASSARAF´S VISION BOARD

Der erfolgreiche Unternehmer und Autor, John Assaraf, brachte das uralte Konzept eines Vision Board in den Mainstream der Öffentlichkeit über seine Geschichte in dem Motivationsdokumentarfilm, The Secret. Im Mai 2000 wurde John in seinem Büro zu Hause, in seinem schönen neuen Haus in Südkalifornien, von seinem fünf Jahre jungen Sohn gefragt, was wohl in der staubigen Kiste in der Ecke seines Arbeitszimmers steckte. John sagte ihm, dass er seine Vision Boards dort lagerte. Sein Sohn verstand nicht, was er damit meinte. So öffnete John eine der Boxen, um sie ihm zu zeigen. Als John die zweite Platte aus der Kiste zog, begann er an zu weinen. Auf ihr war ein Bild von einem 7000 Quadratmeter großen Haus, auf einem sechs Hektar großen, spektakulären Land, das er gesehen und aus dem Dream Homes Magazin im Jahr 1995 ausgeschnitten hatte. Es war genau das Haus, das er nur einige Wochen vor der Entstehung des Dokumentarfilms „The Secret“ gekauft hatte.

BRUCE LEE'S BRIEF

Die verstorbene Kampfkunstlegende und mein persönliches Vorbild, Bruce Lee, verstand die Macht des Gesetzes der Anziehung. Als kämpferischer Unternehmer und Schauspieler saß Bruce einen Tag lang da und schrieb den folgenden Brief an sich selbst: "Bis 1980 will ich zu den bekanntesten orientalischen Filmstars in den Vereinigten Staaten zählen und 10.000.000 $ verdient haben ... Im Gegenzug will ich die eindrucksvollsten Kampfkünste vor der Kamera demonstrieren. Ich werde in Frieden und Harmonie leben.“ Im Jahre 1973, kurz nach dem frühen Tod von Bruce wurden seine Filme Blockbuster sowohl in den USA wie auch in China. Bruce wurde ein internationaler Star. Laut Jack Canfield, der seinen Brief gelesen hatte, hängt der Brief an einer der Wände im Planet Hollywood in New York City.

JIM CARREY'S SCHECK

Als ausdauernder junger Komiker versuchte sich Jim Carrey in Hollywood über Wasser zu halten, bis er seine Karriere fast an den Nagel hängte. Während einer Vorstellung in einem Nachtklub in Los Angeles wurde er von seinem Publikum ausgebuht. Für einen Künstler ein Grund sich selbst das Leben zu nehmen.

Am Kopf des Mulholand Drive schaute er auf die Stadt hinunter, die das Schicksal seiner Zukunft beschließen sollte. Er nahm sein Checkbuch aus der Jackentasche und trennte vorsichtig einen Scheck heraus und schrieb sich selbst einen Scheck über 10 Millionen Dollar aus. Darunter den Verwendungszweck: „Für schauspielerische Leistungen." Er steckte den Scheck wieder ein und trug ihn überall mit hin, wohin er auch ging. 1995, nach seinen erfolgreichen Blockbuster Filmen „Ace Ventura", „Dumm und Dümmer" und „Die Maske" kostete eine Vertrag mit Jim Carrey rund 20 Millionen Dollar.

FAZIT

Vision-Boards sind ein wichtiges Werkzeug für Ihren Erfolg. Sie sind preiswert in der Herstellung. Der potenzielle Wert jedoch ist unermesslich. Finden Sie heraus was Sie im Leben wollen und verpflichten Sie sich den Weg zum Ziel mit einem Vision Board zu gehen. Der erste Schritt das Gesetz der Anziehung zu aktivieren ist damit schon getan. Setzen Sie Ihre Wünsche, Träume und Ziele in die Realität um.

Das Rad des Lebens

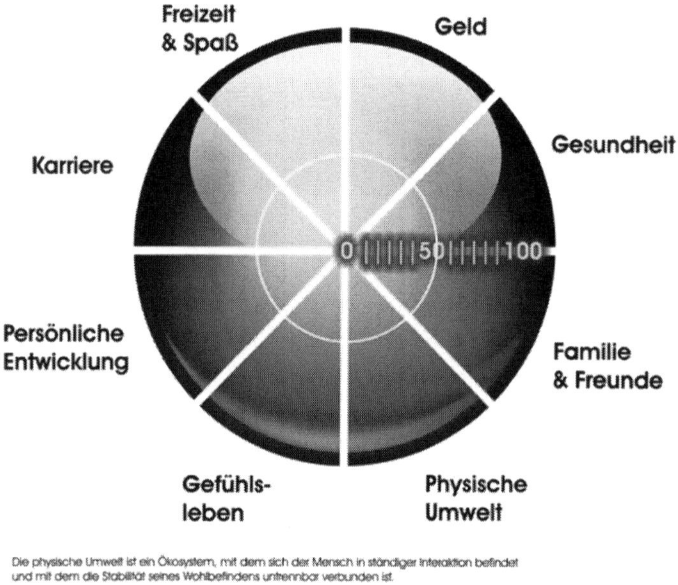

Abb. 15 - Rad des Lebens

Die oben abgebildete Grafik zeigt eine runde Fläche, die in acht Bereiche aufgeteilt ist. Von der Mitte ausgehend erstreckt sich ein Zahlenstrahl von null bis einhundert. Jeder Mensch hat bestimmte

Lebensbereiche, die ihm wichtig sind. Solche, die ihm Kraft und Lebensenergie verschaffen. Bei dem einen oder anderen sind diese Bereiche manchmal mehr und manchmal aber auch weniger intensiv.

Das Rad des Lebens soll nun helfen, die Bereiche ausfindig zu machen, die man vernachlässigt. Bereiche, in denen man unbefriedigt ist. Selbstverständlich sind sämtliche Bereiche mit persönlichen Angaben veränderbar oder sogar ergänzbar. Der Zahlenstrahl stellt die Intensität dar, wie stark Sie in diesem Bereich befriedigt sind. Denken Sie sich diesen Strahl für jeden Bereich und setzen Sie an der entsprechenden Prozentzahl einen Punkt. Gehen Sie in sämtlichen Bereichen gleichermaßen vor und verbinden Sie schlussendlich die Punkte durch eine Linie. Sie werden erkennen, dass die miteinander verbundenen Linien keinen Kreis ergeben. Es läuft also nicht rund. Stellen Sie sich vor, die Räder an Ihrem Fahrrad hätten diese Form. Wie schwer wäre es wohl, damit zu fahren? Wieviel Kraft und Anstrengung man aufbringen muss, um vorwärtszukommen. Genauso verhält es sich auch in Ihrem Leben.

Es sind solche Bereiche, die Sie am Vorwärtskommen hindern. Solche Bereiche, die Ihnen wie eine schwere Last auf der Seele liegen und Ihre Lebensenergie schwächen. Ihre Aufgabe ist jetzt klar. Machen Sie das Rad rund. Bringen Sie diese Bereiche auf ein

Level, mit dem Sie zufrieden sind. Sie werden merken wie viel besser Sie sich fühlen, wie belastbarer Sie sind und mit wieviel Energie Sie Ihren Weg im Leben meistern. Bewerten Sie Ihre Lebensbereiche jeden Monat aufs Neue und bewahren Sie alle Räder des Lebens auf. Nach einigen Monaten kann man nachvollziehen welche Bereiche sich leichter und welche schwerer auf Kurs bringen lassen.

Destruktive Quantenfelder

Im Folgenden soll ein weiterer Beweis dafür gelten, wie negative Gedankenkonstrukte auf Quantenfelder wirken und damit erneut belegen, dass Gedanken Quanteneffekte auslösen und damit Ereignisse beeinflussen. Haben Sie schon einmal jemanden sagen hören: „Es soll ihm im Hals stecken bleiben“ oder „Der soll sich den Hals brechen“ und genau das ist dann auch passiert? Hat der Adressat sich tatsächlich verschluckt oder jemand ist ungünstig gestürzt? Es gibt Zwischenfälle im Leben, in denen eine Person über die andere dermaßen verärgert ist, dass sie ihm etwas Schlechtes wünscht. Und den Verwunschenen dann auch tatsächlich ein Unheil im Sinne des Fluches ereilt. Nehmen wir die Extremfälle wie den Voodootod.

Zufall, oder gibt es eine Erklärung dafür? Was passiert, wenn Menschen durch psychische Kräfte zu Tode kommen oder ihnen anderes Unheil widerfährt?

Zum einen hängt die Wirkung vom Opfer ab und zum anderen von der psychischen Kraft desjenigen, der den Fluch ausspricht. Beginnen wir mit Letzterem und suchen die Erklärung in kulturellen Hintergründen. Die Suggestivkraft spielt dabei eine große Rolle. Erhält der Adressat Kenntnis über den auf ihn ausgesprochenen Fluch, versetzt ihn das in einen durch Angst und Schrecklähmung verursachten negativen Gefühlszustand. Der Psychologe Stanford Cohen an der amerikanischen Boston University bezeichnet einen solchen Gefühlszustand als „Resignationskomplex". Ein derartiger Komplex ist im Übrigen auch bei Patienten zu beobachten, die eine tödliche Erkrankung diagnostiziert bekommen haben. Der Selbsterhaltungstrieb sinkt aufgrund dieser negativen Nachricht gegen null. Man gibt sich quasi selbst auf und die gesamte noch verbliebene Lebensenergie verfliegt. Die Betroffenen geben sich ihrer Bestimmung einfach hin und geben letztendlich damit sich selbst auf.

Verstärkt wird dieser Zustand, indem die Botschaft von einem Experten kommt. Hier wirkt dann auch noch eine Art Expertendominanz. Die Nachricht hätte weniger Gewicht, würde sie von einem Medizinstudenten im ersten Semester kommen oder gar von einer Reinigungsfrau im Krankenhaus. Es kommt also im Wesentlichen immer darauf an, welche Dominanz wir dem Sender der Botschaft zusprechen.

In afrikanischen Ländern wie auch auf Haiti herrscht ein sehr großer Geisterglaube, was Voodoo anbetrifft. Voodoo Praktizierende genießen sehr starke Ehrfurcht. Dieser Glaube ist es letztendlich auch ursächlich für einen Tod durch Verwünschung. Professor Freisinger an der John Hopkins University in Baltimore hat solche Fälle intensiv studiert und kam zu dem Schluss dass, solange in einer bestimmten Gesellschaft spezielle Glaubensvorstellungen vorherrschen, Verwünschungen auch wirken. Verstärkt wird dieser Umstand, sobald das Opfer eine soziale Ablehnung Gleichgläubiger erlebt. Wenn also, das soziale Umfeld, Kenntnis über die Verwünschung erhalten hat und das Opfer betrauert, weil sie selbst davon überzeugt sind, dass der Tod nur noch eine Frage der Zeit ist. In der Tat gibt es sogar gesetzliche Verbote unter Strafe über die Anwendung von Voodoo.

In den westlichen Ländern dient diese Art von Zauberei lediglich der Unterhaltung. Wenn ich also nicht daran glaube, kann mir das auch nichts antun. Richtig. Doch was hat es damit auf sich, wenn psychische Kraft auf ein Quantenfeld wirkt und damit Quanteneffekte auslöst, die einen selbst betreffen? Durchaus möglich.

Halten Sie sich darum von solchen Personen fern, von denen Sie meinen, sie seien Ihnen nicht wohl gesonnen. Negative Gedankenkonstrukte, die Sie betreffen, wirken auch auf ihr Quantenfeld. Umgeben Sie sich vielmehr von Gönnern und solchen die Sie schätzen und lieben. Solche Menschen wirken mit positiven Gedankenbildern förderlich auf Ihre Quantenfelder. Vermeiden Sie anderen über mögliche Probleme die Sie betreffen zu berichten. Beschweren Sie sich nicht darüber, dass Ihr Partner nicht Ihren Erwartungen entspricht oder Ihr Chef Sie triezt. All das, was Sie jemandem berichten, muss sich dieser erst einmal vor seinem inneren Auge vorstellen. Er kreiert somit negative Gedanken, die SIE betreffen. Womöglich trägt diese Person den Gedanken auch noch lange Zeit mit sich herum und berichtet auch anderen darüber, die sich dann ebenfalls die negativen Gedanken über SIE machen. So erhalten Sie zwar das Mitleid vieler Leute, aber auch die negativen Energien, die auf ihr Quantenfeld wirken. Berichten Sie statt dessen vielmehr darüber, das bei Ihnen alles in bester Ordnung ist und Sie vor Glück nur noch strotzen. So erhalten Sie positive Energien, die auf Ihr Quantenfeld wirken und wenn es tatsächlich Probleme mit dem Partner oder dem Chef gibt, dann werden Ihnen diese positiven Energien dabei helfen, das Problem schnell zu lösen oder in einen Vorteil zu verwandeln.

Quanteneffekt durch Silent Subliminals

Erfahrungsgemäß hindert die Hektik des Alltags einen daran, ein tägliches Training planmäßig durchzuführen. Es drängen sich immer wieder unaufschiebbare Aufgaben in den Zeitplan. Langsam aber sicher vernachlässigen die meisten Menschen Ihr Trainingsprogramm bis zum völligen Stillstand. Ein Neuanfang erscheint dann noch schwieriger.

Für all diejenigen, die dem Stress und der Hektik des Alltags machtlos ausgeliefert sind, kann die im Folgenden beschriebene Technik einen großen Dienst erweisen. Es handelt sich dabei um Militärisches Know-how, welches bereits im Golfkrieg erfolgreich erprobt wurde. Nachdem die irakischen Funksysteme durch die angreifenden Truppen fast vollständig zerstört waren, sah sich die irakische Armee gezwungen, Befehle und andere Informationen an eigene Soldaten über die flächendeckend kommerziellen Radiosender zu übertragen.

Das US Militär erkannte diesen Umstand und sendete mittels eines eigenen Senders auf gleicher Sendefrequenz sogenannte „Silent Subliminals“. Bei Silent Subliminals handelt es sich um frequenzmodulierte Schalle, die durch eine Klangfilterung in den für den Menschen unhörbaren Bereich hochmoduliert werden.

Ein erwachsener Mensch kann lediglich Geräusche innerhalb eines Frequenzbereichs zwischen 16Hz und 14kHz bewusst wahrnehmen. Erneut liegt hier die Betonung auf dem Wort „bewusst“. Denn das Gehirn unterzieht jeglichen Schall und Geräusche, wie etwa die Sprache, einer kritischen Bewertung, um dann mit speziellen Reaktionsmustern darauf reagieren zu können. Das kann allerdings nur geschehen, wenn der Inhalt einer Botschaft als ein bewusst wahrgenommenes akustisches Signal, ergo als Geräusch oder Schall gehört wird. Anders verhält es sich, wenn der Schall unter- oder oberhalb des bewusst wahrnehmbaren Bereichs liegt. Nicht alles bewusst hören zu können liegt in der natürlichen Konstitution des Menschen beziehungsweise solcher Lebewesen, die über ein Gehör verfügen.

Liegt der Schall oder das Geräusch jedoch außerhalb des bewusst wahrnehmbaren Bereichs, so bleibt eine kritische Bewertung aus. Informationen werden dann weder hinterfragt noch in irgendeiner Art und Weise kritisch bewertet. Sie gelangen ungefiltert und auf direktem Weg ins Unterbewusstsein. Dort angekommen entfalten sie wie ein Trojaner[21] ihre Wirkung. Besonders starken Einfluss haben dabei die sogenannten Affirmationen, also einfa-

[21] „Unter einem Trojaner, auch als trojanischen Pferd bezeichnet, versteht man ein Programm, das neben seiner eigentlichen Funktion noch weitere, unbekannte Funktionen aufweist.“

che, klar und positiv formulierte Leitsätze, die eine rasche Veränderung von Gedankenstrukturen bewirken.

Genau diese Technik haben die US Streitkräfte im Golfkrieg angewandt. Affirmationen die dazu dienten sich kampflos zu ergeben wurden mittels spezieller Computerprogramme aufgezeichnet und in den unhörbaren Bereich moduliert. Danach hat man die unhörbaren Botschaften (Silent Subliminals) mittels eigener Funksendeapparaturen ausgestrahlt und das irakische Radiosignal mit dem der US Armee überlagert. Das Ergebnis war verblüffend. Mehrere Zehntausend irakischer Soldaten haben sich daraufhin unter dem Schutz weißer Fahnen ergeben.

SILVA MIND CONTROL

José Silva hat während seines Militärdienstes in den 1960er Jahren aktiv das Zusammenwirken zwischen Entladungen im Gehirn und konkretem Denken studiert. Bei seinen Studien ist er zu der Überzeugung gelangt, dass das Gehirn im Alphazustand, die Gehirnfrequenz also acht bis dreizehn Hertz aufweist, höhere Gehirnleistungen möglich sind und sich die psychische Stabilität stärkt. In der Tat schlagen Alpha Wellen eine Brücke zwischen Bewusstsein und Unterbewusstsein. Es öffnet sich quasi ein Tor zum Unterbewusstsein zudem man bewusst Zugang erhält. Alpha Wellen stellen sich meistens während der Einschlafphase ein. Erreicht man in der Nacht die traumlose Tiefschlafphase, liegt die Gehirnfrequenz ungefähr zwischen 0,5 und 4 Hertz (Delta Wellen). Das Immunsystem regeneriert sich. Heilungsvorgänge wirken auf den Körper und auch in diesem Zustand gelangen Affirmationen unkritisch ins Unterbewusstsein.

Im Folgenden verbinden wir all diese Erkenntnisse zu einer Technik. Wir reprogrammieren unseren Verstand und intensivieren den natürlichen Heilungsprozess.

SILENT SUBLIMINALS ZU HEILZWECKEN und ZUR PROGRAMMIERUNG DER RAS

Um Heilungsvorgänge des Körpers zu intensivieren und auch zu steuern sowie auf zukünftige Ereignisse einzuwirken geht man wie folgt vor.

1. Bevor man zu Bett geht, die zuvor angefertigten Affirmationen als Silent Subliminals abspielen. (*Wer keine Silent Subliminals erstellen kann, weil das dafür nötige Computerprogramm fehlt, der möge dem Autor bitte eine Nachricht zukommen lassen.*)
2. Während der Einschlafphase den Wunschzustand, das Ziel das man gerne erreichen möchte, vor dem inneren Auge in allen Sinneskanälen repräsentieren.

3. Während der Aufwachphase am Morgen, den Wunschzustand beziehungsweise das Wunschziel, erneut in allen Sinneskanälen repräsentieren.

Was geschieht nun dabei? Während der Einschlafphase und auch der Tiefschlafphase gelangen die Silent Subliminals in das Unterbewusstsein. Das Unterbewusstsein reagiert entsprechend darauf und es beginnt ein Prozess, der die gewünschte Veränderung durch Quanteneffekte herbeiführt. Im Fall der Manipulation von zukünftigen Ereignissen entsehen neue Quantenfelder, sozusagen neue Realitäten.

Sie wissen nicht, wie man wirkungsvolle Affirmationen und Silent Subliminals erstellt? Schreiben Sie mir. Ich helfe Ihnen gern.

Für Sie reserviert. Gratis Software mit der Sie Ihre eigenen Silent Subliminals erstellen können.

Schlusswort

Sobald wir verstanden haben, wie alles miteinander und aufeinander wirkt, können wir durch Gedanken den gewünschten Zustand einfach herbeidenken. Ich lade Sie ganz herzlich ein, an der Diskussion über QRT teilzunehmen und damit ein Mitglied der Science of QUANTUM RELEASE zu werden. Senden Sie eine leere E-Mail an qrt@quantenfeld.info und Sie erhalten in wenigen Minuten eine Begrüßungsmail mit weiteren Informationen.

Aber auch wenn Sie Fragen rund um das Thema Quantum Release haben oder Ihnen hier in diesem Buch etwas unklar erscheint, treten Sie einfach mit mir in Verbindung. Ich freue mich über Ihre Nachricht und versichere Ihnen eine persönlich geschriebene Antwort. Senden Sie Ihre E-Mail an Paul@quantenfeld.info. Schreiben Sie ruhig in Ihrer eigenen Sprache. In meinem Team habe ich Kollegen aller Herrenländer. Es wird sicherlich jemand dabei sein, der mir behilflich ist, Ihnen zu antworten.

Ihr Beitrag ist wichtig. Es grüßt Sie herzlich.